什麼都不是的人才是快樂的

克里希那穆提寫給年輕人的24封信

HAPPY IS THE ONE WHO IS NOTHING

LETTERS TO A YOUNG FRIEND

克里希那穆提—著

譯—林宏濤

J. KRISHNAMURTI

克里希那穆提為我們這個時代帶來的意義是：人必須自我思考，不受宗教或靈性權威左右。

——知名音樂家范・摩里森Van Morrison

聆聽或閱讀克里希那穆提，像是用一種令人驚喜的清新劑面對自己與這個世界。

——詩人與作家林白夫人Anne Morrow Lindbergh

目錄

Contents

更多關於克里希那穆提 005

第一部
寫給一個年輕朋友的信 009

第二部
給年輕人的六個人生思考 125

・你知道感受是怎麼一回事嗎？ 129
・你知道關心是什麼嗎？ 135
・我們為什麼會失去想像力？ 139
・恐懼對你做了什麼？ 143
・人需要自由和秩序 151
・什麼是秩序？ 157

更多關於克里希那穆提

克里希那穆提被認為是史上最偉大的導師之一，可是他並不以導師自居。他年輕的時候，家人和朋友就注意到他是個與眾不同的孩子，他喜愛大自然，對於周遭的一切有情觀察入微、體貼關心，寬大而慈憫。他傳達對於生命獨樹一幟的認知，環遊世界，對大眾宣講人生的永恆問題，以及我們對於真理和幸福的追尋。他所到之處，人們都會找他傾訴自己的問題，而他也幫助他們認識自己的生命。無數傑出的科學家、哲學家、心理學家、教育家和宗教人士也會和他對話，討論當代思想以及遠古的智慧。在靈性和宗教方面，他極力反對權威這個觀念，主張人的問題只有一種方式才能解決：我們必須獨自承擔，自己去找尋答案。

克里希那穆提是真正世界級的人物，他關心整個人類的問題，而不只是任何一個民族或教派。他要我們宛如地球上的過客一般地生活，關心地球上的所有生命。他熱愛大自然，在敘事之間透露出對於地球的美麗以及奧蹟的觀察有多麼鞭辟入裡。這些都反映在他躋身現代文學之列的眾多作品裡。我們不能說那是他的哲學；相反的，他的每一句話都是一面鏡子，讓我們在其中看到自己。

克里希那穆提創建許多學校，讓孩子接受沒有恐懼、比較和競爭的教育。他的學校遍布於印度、英國和美國。他每年都會造訪各地的學校，發表演說，並且和老師、學生、家長討論沒有壓力的學習和人生的重要性。他也和學院以及大學的學生對話，幫助他們面對生計以及生命的挑戰。他的教導影響了世界各地無數人的生活，也催生了對於教育以及生命本身的新視界。

依據克里希那穆提的說法，我們是有可能澈底改變自己的，那不是什麼曠日費時的事，而是當下即是。我們改變了自己，也就改變了我們的人際關係以及社會的整個結構。他辯才無礙而要言不煩地傳達了這個對於改變的迫切需要，這些內容都收錄在大量的線上影音作品以及廣受好評的著作當中，包括*Freedom from the Known*、*Commentaries on Living*、*The First and Last Freedom*、*Can the Mind Be Quiet*。

更多資訊和教導，可見於：www.jkrishnamurti.org

第一部

寫給一個年輕朋友的信

一九四八到一九六〇年代初，想要會見克里希那穆提是比較容易的，來詣者絡繹於途。不管是在散步時、個人會晤，或是經由魚雁往返，莫不隨化廣結善緣。

以下的內容是克里希那穆提寫給一個年輕朋友的，這個身心受創的孩子求助於他。一九四八年六月到一九六〇年三月之間，往來的信札流露了一種罕見的慈悲和洞察力：教導和療癒俱時敷演；隔閡和距離泯然無跡；文字自然流瀉；沒有一個字是贅詞；療癒和教導攜手並行。

普普．賈亞卡 Pupul Jayakar

01 Letters to a Young Friend

保持心智的靈活。力量不在於剛強，而在於柔韌。柔韌的樹立於大風中。聚集一個敏捷的頭腦所需的力量。

生命是很奇詭譎怪的，許多事都是不期然而遇的；僅僅抗拒並不會解決問題。人要有無限的柔軟性，以及一顆完整不分裂的心。

生命如履薄冰，我們行走在這條道路上必須十分小心，還要帶著柔韌的智慧。

力量不在於剛強，而在於柔韌。

Strength does not lie in being firm and strong but in being pliable.

人要有無限的柔軟性，以及一顆完整不分裂的心。

One needs infinite pliability and a single heart.

J. Krishnamurti

生命如此豐盈，有這麼多的寶藏。我們卻以空洞的心迎向它；我們不知道如何以生命的豐盈填滿我們的心。我們的內心貧乏，當富足的生命擺到我們面前時，我們卻拒絕它。愛是個危險的東西；只有它會帶來一場真正的革命，那時我們才會感到完全的幸福。我們當中沒有幾個人有能力去愛，也沒有幾個人想要擁有愛。我們帶著條件去愛，把愛變成可以轉讓的東西。我們抱持市場交易的心理，但愛並不是可以以物換物的，愛不是一場互相遷就的交易。愛是一種存在的狀態，在其中，我們所有的難題都迎刃而解。當我們用一只頂針到井邊汲水的時候，生命就會變成一種低俗廉價的事件，渺小而不重要。

地球真是個可愛的地方，因為那裡有太多的美、無限的光輝、不朽的美好。我們卻身陷於痛苦的迷宮，不想走出來，即使有人指點迷津。

沒有任何事物可以毀壞愛，因為一切都消融在其中
——無論善惡美醜。

Nothing can spoil love, for all things are dissolved in it
—the good and the bad, the ugly and the beautiful.

J. Krishnamurti

這顆心充滿了熾盛的愛，就彷彿那澆不熄的火焰。愛充溢著這顆心，它想要把這份愛給予每個人，確實如此。它就像是源泉滾滾的河流，滋養和灌溉每個村落和城鎮；即便它被污染了，人的穢物都拋到河裡，但是河流不久就會自我淨化，繼續流淌。沒有任何事物可以毀壞愛，因為一切都消融在其中——無論善惡美醜。愛的本身就是永恆。

02 Letters to a Young Friend

J. Krishnamurti

樹木如此高大雄偉，對於人間的柏油路和往來交通出奇地無動於衷。它們的根系扎得很深，深入泥土裡，它們的樹梢則是高聳入雲。我們也有我們的根深入地下，我們都必須有根，但是我們只是在地上匍匐攀爬；只有少數人可以摶扶搖而直上天際。他們才是有創造力而且快樂的人。其他人只是在這個可愛的地球上以種種傷害和流言蜚語恣意相互破壞和毀滅。

要敞開心胸。如果你不得已而活在過去的話，不要拚命抵抗它；假如過去臨到眼前，那麼就不將不迎地直視它，既不要推開它，也不要計執於它。

重要的是你心裡擁有什麼；
既然心裡滿溢，你就擁有一切，你就是一切。

What is important is what you have in your heart; and since that is overflowing, you have everything, you are everything.

多年來的經驗，悲欣交集，病痛的打擊，離別的目光，遙遠的感覺，這一切都只會增添豐盈和美麗。重要的是你心裡擁有什麼；既然心裡滿溢，你就擁有一切，你就是一切。

覺觀你的所有念頭和感覺；別讓任何感覺或念頭悄悄溜走，你要加以察覺，專於於它們的內涵。不只是專注於話語，而是觀照念頭和感覺的整個內容。那就像走進一個屋子，裡頭的氛圍和狀況盡收眼底。審視和覺觀一個人的念頭，會讓人的感受更加敏銳，既柔韌而又寂寂惺惺。不要妄加指摘或評斷，心要寂寂惺惺，才有辦法披沙揀金。

「如是」觀照是相當困難的事。人要怎麼清楚觀察事物呢？河水不會因為阻塞而停下來；它會以它的重量決堤，或是漫淹它，或是以伏流的形式從底下穿過去，或者是迂迴而流；河水是永不停歇的，它必須不停地流動。我

不要妄加指摘或評斷，
心要寂寂惺惺，才有辦法披沙揀金。

Don't condemn or judge, but be very alert.
Out of separation, out of the dross comes pure gold.

們可以說，河水會聰明地隨機應變。人也應該聰明地隨機應變，並且聰明地「如是」接受。倘若要「如是」覺知，就必須有隨機應變的智慧。看清楚眼前的障礙是什麼，那是需要一點智慧的，可是一般而言，人汲汲營營於他所欲求的東西，反而會使它成了泡影。人不是遇到障礙而退卻，就是奮力和它搏鬥而筋疲力竭。把草繩看作草繩，那並不需要什麼膽量，但是把草繩誤認作蛇而觀察它，那就需要有一點勇氣了。人必須起疑情，探究它，才會明白原來是虛妄的。人念住一處，就會有澈照事物的力量；你會看到它的到來。

人必須行動。河流絕對不會靜止不動；它一直在流轉，不捨晝夜。人必須處於消極無為的狀態，也就是採取解脫的行動；消極無為本身能帶來積極的行動。重點在於如何洞然明白地覺察事實，而這個覺察本身就是解脫的行動。一旦有了圓融與彈性，就沒有對錯的問題。

人必須起疑情，探究它，才會明白原來是虛妄的。
人念住一處，就會有澈照事物的力量；
你會看到它的到來。

One must doubt, ever search, see the false as the false.
One gets power to see clearly through the intensity of attention;
you will see it will come.

人的心裡必須洞澈明白。如果能做到這點，我保證一切都會順利；心裡歷歷澄明，你會看到事物不必枉費推移就會水到渠成。這裡所謂的順利，並不是指欲望得以實現。

必須有個澈底的革命，不只是在大事上，就在行住坐臥之間。你的內心已經有了那樣的革命，不要耽於安逸，要保持轉動。讓心裡的鍋子持續沸騰。

03 Letters to a Young Friend

我希望你昨晚一夜好眠，窗外升起怡人的太陽，而你也可以在睡前靜靜看著夜空的熠熠繁星。

關於愛，關於它不可思議的溫柔和力量，我們知道的太少了。我們太隨便就使用「愛」這個字。路人掛在嘴上，屠夫也振振有詞，有錢人使用它，年輕男女也使用它。但是關於它，關於它的廣袤無垠，它的不朽性，它的深不可測，我們卻懵懂不明所以。愛，就是意識到永恆。

愛，就是意識到永恆。

To love is to be aware of eternity.

如果我們仔細觀察，關係其實更捉摸不定，比閃電更加稍縱即逝，比地球更加廣袤開闊，因為關係就是生命。

If we closely observe, relationship is much more subtle, more swift than lightning, more vast than the earth, for relationship is life.

J. Krishnamurti

關係真是一件奇妙的事，人很容易習慣某個特定的關係；把它視為理所當然，接受現狀，無法忍受任何改變；心裡完全沒有走向不確定性的念頭，一刻也沒有。一切都井然有序，安穩而停當，不會有任何新鮮的東西，也不會呼吸到春天清冽的復甦氣息。凡此種種，都叫作關係。如果我們仔細觀察，關係其實更捉摸不定，比閃電更加稍縱即逝，比地球更加廣袤開闊，因為關係就是生命。生命就是衝突，我們總是要把關係變得直來直往、堅固而容易操弄。於是它失去了它的馥郁芬芳，它的美麗。這一切都是因為人沒有去愛，而愛當然是最重要的事，因為在愛裡你必須澈底放棄自我。

生命的本質是要保持清新、新穎的特質，否則生命就成了例行公事或習慣；而愛並不是一種習慣，一種乏味的東西。大部分的人都失去了驚喜感。他們把一切都視為理所當然，而這種安全感摧毀了自由以及不確定性的驚喜。

外在的美麗沒辦法持久；
如果沒有內在的輕安喜悅，總是一種缺憾。

Outward beauty can never last;
it is always marred if there is no inward delight and joy.

J. Krishnamurti

我們總是期望遙遠的未來，脫離當下這一刻。但是認知的覺觀是一直在當下的。在覺觀裡往往有一種迫切感。要在人的種種意圖當中保持洞澈明白，那是很困難的事。意圖宛如火燄，不斷催促人去認知。洞澈明白你的種種意圖，你會看到事情終究會迎刃而解的。人只需要在當下裡洞澈明白，聽起來很容易，其實並不簡單。

我們必須先清理心田，才能播下新的種子。一旦埋下了種子，它自身的生命力和力量就會創造出果實和更多的種子。外在的美麗沒辦法持久；如果沒有內在的輕安喜悅，總是一種缺憾。我們陶冶外在，而不怎麼注意皮膚底下的東西；但是內在總是會戰勝外在。讓蘋果腐敗的，是它裡面的蟲子。

人的共處，既不屈己從人，也不相互傾軋，那是需要大智慧的。關係是生命裡最困難的事。

04 Letters to a Young Friend

J. Krishnamurti

人不可思議地容易受到外境的影響。人需要友善的力量支持以及溫暖的照護，在其中，人可以自由且自然地發榮滋長。很少人擁有這種外境，大部分的人都在成長中受挫，不管是生理或心理上。我很訝異你在這個怪異的外境底下存活而沒有墮落。我看得出來為什麼你沒有整個被摧殘、玷污或扭曲——你會盡快適應外在世界，而且你讓自己的心沉睡。這個內心的惛沉拯救了你。如果過去你讓自己歷歷落落，覺照內心，你應該會覺得難以忍受。你會產生衝突，你會瓦解，會被染污。然而如果你的心清清楚楚，寂寂惺惺，你就不會和外境產生衝突。使人墮落扭曲的，正是這個衝突。如果你的

如果你的心醒覺清明，柔軟隨順外在事物，
就不會染著於塵境。

You will always remain unscarred if you are inwardly very alert and awake, and warmly adjust to things externally.

心醒覺清明，柔軟隨順外在事物，就不會染著於塵境。

種種外在的替代品沒多久就會空華落盡，陽燄波澄。即使人擁有的東西再少，還是個世俗的人。對於任何形式的權力欲望，包括苦行禁慾得到的權力，金融鉅子、政治家或教宗的權力，都是世俗的。對於權力的渴望會使人殘忍無情，而且會自我膨脹，貢高我慢。

很少人覺知到他們心裡的變化、挫敗、衝突和扭曲。即使他們明白了，也會試著把它們推到一邊或是逃避它們。你可不要這麼做。我想你不會，但是你會有太過執持自己的念頭和感覺的危險。人必須無憂無懼、沒有壓力地覺照自己的念頭和感覺。真實的革命已經在你生命裡啟動。你必須對於你的念頭和感覺了了分明——讓它們流瀉出來，不要控制它們，也不要壓抑它們。讓它們傾瀉出來，不管是溫和或激烈的，但是要覺照它們。

你必須對於你的念頭和感覺了了分明——
讓它們流瀉出來，
不要控制它們，也不要壓抑它們。

You should be very much aware of your thoughts and feelings—
let them come out, don't check them, don't hold them back.

假如說你有什麼欲求的話，你是不是馳騁競逐於它們？這個世界是個美好的地方。但我們以敬拜、祈禱、愛和恐懼，想盡辦法要逃避它。我們不知道我們究竟是富足或是貧窮；我們從來沒有深入我們自身探究那個「如是」。我們生活在表面，滿足於微不足道的東西，硜硜然為了小小的事情而忽悲忽喜。我們瑣細的心有種種瑣細的難題，也有種種瑣細的解答，我們的人生就這麼度過。我們沒有去愛，而如果我們有了愛，也往往伴隨著憂懼和挫折、煩惱和渴望。

我一直在想離言絕慮的重要，擁有一個離言絕慮的心的重要性。種種經驗是不可免的，也許是必要的。生命是一連串的經驗，但是心不必繫縛於它自己不斷累積的種種要求。它可以揩去每個經驗，使自己離言絕慮而塵勞迴脫。這是很重要的事；否則心就永遠沒辦法清淨灑脫、樞虛機活、柔軟隨順。心要如何柔軟隨順，那並不是什麼難事；所謂「如何」只是要找到一個

生命是一連串的經驗，
但是心不必繫縛於它自己不斷累積的種種要求。

Life is a series of experiences, but the mind need not be burdened with its own accumulative demands.

方法，但是方法並不會使心離言絕慮。它可以讓心有理路，卻永遠不會是離言絕慮又有創造力的。

05 Letters to a Young Friend

昨天午後下起雨來，到了夜裡更是大雨傾盆！我從來沒有聽過那樣的聲音。彷彿諸天都打開了。接著一切都沉默下來，沉重的寂靜，巨大的重量傾倒在地球上。

要保持簡單而澄澈是一件困難的事。世人膜拜成功，越大越好——聽眾越多，演講者就越偉大；摩天大樓、汽車、飛機和人群。簡單性已經杳然無蹤。打造一個新世界的人並不是成功的人。真正的革命是必須在意識和心靈上澈底地改變，然而真正願意解放自己的人少之又少。我們可以斬斷表面的

比較是個可鄙的事；它會扭曲人的外表。
在比較當中，人也會自我膨脹。

Comparison is degrading; it perverts one's outlook.
And on comparison one is brought up.

J. Krishnamurti

盤根錯節，但是要斬斷根深柢固的平庸和追求成就，並不是言語、方法或強迫行動做得到的。那樣的人屈指可數，而他們才是真正的建築師，其他的努力都只是枉費心機而徒勞無功。

我們總是要跟別人比較，和現在的自己、應然的自己或是更有錢的人比較。這樣的比較會讓人疲於奔命。比較是個可鄙的事；它會扭曲人的外表。在比較當中，人也會自我膨脹。我們的教育就是以比較為基礎的，我們的文化也是。於是人不斷想方設法要做出一些違反本性的事。認識真正的自我，就是要揭開創造性，可是比較會滋生競爭、殘酷和野心之類我們認為會帶來進步的東西。而進步只會導致更多世間不曾見的殘忍的戰爭和苦難。不以比較的方式去培養孩子，才是真正的教育。

我盡是寫些不必要的東西，真是莫名其妙。真正重要的事情在這裡，而欲望的饜足再怎麼歡喜，也是一件小事；
隨著它的饜足，它的不斷滿足自己，人就會開始厭煩，
而真實的事物也會消褪。

Fulfilment of desire is such a small affair, however pleasant; with its fulfilment, as it keeps on satisfying itself, boredom sets in and the real thing fades away.

J. Krishnamurti

你卻在那裡。真實的東西總是一樣的，沒有必要提筆或是談論它；寫下來或說出來的時候，就會扭曲或破壞了它。有太多東西是說似一物即不中的。孜孜矻矻於欲望的饜足，使得人心熾盛如燃火，執著於大大小小的事，我們也許獲得滿足了，但是隨著這些滿足，更深層的東西也就漸行漸遠了。這就是大部分的情況。欲望的饜足再怎麼歡喜，也是一件小事；隨著它的饜足，它的不斷滿足自己，人就會開始厭煩，而真實的事物也會消褪。這個真實的事物才是必須保存的，而說也奇怪，它真的在那裡——如果人沒有饜足欲望的念頭，只是如實觀照事物本身。

我們甚少獨處，總是廁身人群當中，滿腦子念頭不斷，還有各種沒有饜足或將要饜足的願望，以及種種回憶。假如要外境不入，諸緣放下，而生清淨心，獨處是必要的。可是人似乎沒有時間獨處；有太多事情要做，太多的責任。若要學習安住於靜境，讓自己待在房間裡，息諸緣慮，就成了必要的

要外境不入，諸緣放下，而生清淨心，
獨處是必要的。

To be alone is essential for one to be uninfluenced,
for something uncontaminated to take place.

J. Krishnamurti

事。從這樣的獨處中，就能產生愛。簡單、澄澈、內心寂靜無聲，人就會點燃那個契機。

生命並不容易，人對生命要求越多，就越加擔心害怕而痛苦。簡單地生活，客塵煩惱不生於心，就算每個事物和每個人都要來影響你，也不生起種種妄想和貪欲，這不是件容易的事，但是假如行住坐臥之間沒辦法身心放下而寂然不動，那麼一切都只會是一場空。

06 Letters to a Young Friend

J. Krishnamurti

湛藍的天空如此清澈、廣袤，沒有時間也沒有空間！距離和空間都是心智的產物；從這裡到那裡的距離是事實，但事實變成了伴隨著欲求逼惱的心理因素。心智是個奇怪的現象，既複雜但基本上又很簡單。是種種心理衝動使它變得複雜，導致衝突和痛苦，抗拒和攀緣。要覺知它們，任它們自然浮沉，如風過樹，攀緣不起，那是相當困難的事。生命是一條巨河流。心以它的魚網打撈河裡的東西，或是拋棄它們，或是執持它們。人不應該有這樣的魚網。那是時間和空間的網；那是隨處生起歡喜和煩惱的網。

謙卑不是傲慢的對立面，它仍然是傲慢，
可是它被叫作謙卑。
意識到自己謙卑，仍然是一種傲慢的形式。

The opposite of pride is not humility—it is still pride but is called humility. Consciousness of being humble is a form of pride.

傲慢是個奇怪的東西，不論對大事或小事的傲慢；對於我們的財產、成就、德行的傲慢；種族、名聲和家族的傲慢；才幹、外表和知識的傲慢。我們都在滋養這個傲慢，或者我們轉而謙卑。謙卑不是傲慢的對立面，它仍然是傲慢，可是它被叫作謙卑。意識到自己謙卑，仍然是一種傲慢的形式。我們的心總是有所執著。它汲汲於成為某物，而絕對不會是空無的狀態。假如空無是個新的經驗，我們的心必須擁有這樣的經驗。然而意欲息心絕慮的企圖本身也是一種攀緣。心必須擺脫一切妄念，唯有如此……

我們的日子如此空虛，充斥著種種塵勞——事業、投機買賣、念頭、煩惱和歡喜。儘管如此，我們的生活還是空虛的。如果一個人失去了地位、權力或金錢，他究竟是什麼？儘管一個人的外在展現了所有這些東西，但內心卻是空虛而淺薄的。人沒有辦法內在和外在都富足。而內心的豐盈遠勝於外在事物。外在事物會被奪走；外在事件會搖撼人們戒慎恐懼建造的東西。可

內心的富足是不會朽壞的，不為任何事物撼動，
因為它們不是心智的產物。

Inner riches are incorruptible, nothing can touch them,
for they have not been put together by the mind.

是內心的富足是不會朽壞的，不為任何事物撼動，因為它們不是心智的產物。

人心追求成就的欲望相當熾盛，他們不計任何代價地追求成就。任何方式和方向的成就支撐了人們的存在。如果在某個方向上無法成就，他們就會另闢蹊徑。然而真的有成就這種東西嗎？成就會讓人感到滿足，但是它不久就會煙消雲散，而我們再度要馳騁畋獵。如果我們認識了欲望的本質，那麼追求滿足的欲望就止息了。欲望是努力要做什麼、成為什麼，而一旦我們不再想變成什麼，就不會再掙扎於滿足欲望。

07 Letters to a Young Friend

山必定是孤獨聳立的。在煙雨濛濛的山間，徜徉於靜謐的湖上，是賞心悅目的事。下雨的時候，土地散發芬芳，接著又聽到許多青蛙的叫聲。雨中的熱帶地區有一種獨特的魅力。一切都被刷洗乾淨。葉子上的灰塵也被沖洗掉了，河流重獲生機，汩汩流淌的河水涓涓作聲。樹木也抽出蔥綠的嫩芽，原本的荒地也野草叢生。成千上萬的昆蟲不知道從哪裡冒出來的，土地也獲得滋養。大地似乎心滿意足而安詳寧靜。陽光不再那麼熾烈，大地綠意盎然，這是個美麗而富足的地方。人還是不斷在製造自己的苦難，但是大地再度富足，處處充滿著魅力。

J. Krishnamurti

大多數的人都耽溺於渴望被認可、得到成就和滿足。
而失敗以及伴隨的苦難也就不可避免。

Most people are caught in the craving to be recognized, to fulfil, to achieve. And failure is then inevitable, with its accompanying misery.

大多數的人都渴望認可和讚美，那真是奇怪的事——被認可是個偉大的詩人、哲學家，那是會使人自我膨脹的東西。那的確會讓人相當滿足，卻沒有什麼意義。認可會助長人的虛榮心，也許會讓人荷包滿滿，但是那又怎麼樣呢？那會使人產生隔閡，而種種分別又會不斷滋生更多問題。儘管那會讓人心滿意足，但是認可並不是目的。然而大多數的人都耽溺於渴望被認可、得到成就和滿足。而失敗以及伴隨的苦難也就不可避免。最重要的是擺脫成功和失敗的束縛。去做自己喜愛的事，不要一開始就期望有個結果。愛是沒有回報或懲罰的。如果有愛的話，一切就變得單純。

我們對於周遭事物往往視而不見，沒有想到要去觀察和思考它們。我們太自我中心了，太執著於我們煩惱的事和我們自己的利益，而沒有時間去觀察和理解。這個執著使我們的心沉滯而疲憊，挫折而煩惱。我們想要逃避煩惱。可是只要自我熾盛，就一定會有疲憊的沉滯和挫折。人沉溺於瘋狂的競

只要自我熾盛，
就一定會有疲憊的沉滯和挫折。

As long as the self is active,
there must be weary dullness and frustration.

J. Krishnamurti

賽當中，沉溺於自我中心的痛苦憂傷。這種痛苦憂傷是相當輕率的東西。深思而覺觀的人可以擺脫這樣的痛苦憂傷。

08 Letters to a Young Friend

河流真是可愛。坐在河畔，任由河水潺潺流動，凝望著陣陣輕柔的漣漪，傾聽它們拍打岸邊的聲音；端詳微風吹拂在水面上產生的種種圖案；看著燕子飛掠過水面捕捉昆蟲；河的另一邊有人聲，一個男孩吹奏靜夜的笛聲，周遭嘈雜的聲音跟著靜了下來。不知怎的，河水似乎洗淨了昨日記憶的塵埃，也使得心靈澄澈通透，就像河水自身那麼乾淨。河流接納一切事物，卻依舊做它自己，既不在乎也不理會乾淨和污濁的差別。池塘和小水坑一下子就會變得污濁，因為它們是死水，沒有流動，不像一望無際的、芬芳的滔滔河水那樣。我們的心都是個小水坑，一下子就會被弄混濁了。我們生起評

深入內心，面對心的種種串習，覺知它的貪著，認識這一切而不排斥它們，就會擁有一個湛然明淨的心。

To face its peculiarities, to be aware of its urges, deeply and inwardly, to acknowledge all this without any resistance, is to have a profound and clear mind.

斷、分別和知見的心，就是這個小水塘。

我們的心必須不斷地反應；否則就是一片死寂。問題是不要讓這個反應把它的根延伸到現在或未來。人的心一定會生起念頭，重點是要覺照它，並且隨即放下它。思考那個念頭、檢視它、招惹它，都是在讓它變得根深柢固。理解這一點很重要。執取心如何思考念頭，就是對於事實的反應。有反應就會有傷感，如此相續不絕。當人開始感到傷感，思考未來的獲益，數算日子，那就是讓關於事實的念頭開始生根。於是心就盤根錯節，而如何尋根刨除，就成了另一個難題。思考未來就是在不確定性的土壤裡生根。

要真正的廓然獨存，沒有昨日的記憶和問題，豁蕩蕩了無依待，輕安自在，而沒有內心或外境的逼惱，那就要讓這個心休歇諸緣。要默然自住。要有那種對於樹木的愛，既悉心呵護它而又卓卓獨存。我們正在失去對於樹木的感覺，也就失去了對於人的愛。假如我們沒辦法愛自然，也就沒辦法愛人。我們的神也會和我們的愛一樣變得量小器淺。我們的生活庸庸碌碌，可是外頭有樹木、開闊的天空，以及大地無盡的財富。

你必須有個洞然分明的心，自由而沒有繫縛的心。這是最重要的事。假如有任何形式的擔心害怕，你就不會有個澄澈的心。恐懼會使心窒礙。如果心不願意面對它自己製造出來的問題，它就不是個湛然明淨的心。深入內心，面對心的種種串習，覺知它的貪著，認識這一切而不排斥它們，就會擁有一個湛然明淨的心。唯有如此，才會擁有一個明察秋毫、湛然寂照的心，而不只是知見分明的心。一個明察秋毫的心是放慢腳步、不將不迎的，而不是遽下結論、評斷或搖唇鼓舌。這樣的明察秋毫相當重要。它必須知道怎麼傾聽和等待。深入推敲琢磨它。這不是到了終點才看到的結果；這個心的性質必須是一開始就具足的。你必須擁有它，讓它有充分的機會開枝散葉。

如果有任何欲求，對於未來的任何希望，
心就不可能平安。有求皆苦。

It is not possible to be at peace if there is any kind of want, any hope for some future state. Suffering follows if there is any want.

J. Krishnamurti

深入探究未知的領域，不要把任何事物視為理所當然，不要認定任何事物，以開放的胸襟去探索。唯有如此，才會有深刻的理解。否則人只會停留在表面。重點不在於支持或反對一個觀點，而是要找出真相。

所有關於改變的觀念和真理，唯有「如是」觀照才會顯現。這個「如是」無異於思考者。思考者就是「如是」，和「如是」沒有分別。如果有任何欲求，對於未來的任何希望，心就不可能平安。有求皆苦。一般來說，生命充滿了欲求。只要有一個欲求，就會招來無窮的客塵煩惱。心要息想無求，甚至是覺照這個欲求，就必須攝心不亂，這是一件大事。一旦發現自己的欲求，不要讓它變成一個問題。延伸問題就是讓它有機會生根。不要讓它生根。欲求就是欲求，而它只會招致煩惱。它會使生命黯淡無光；觸處皆是挫折和煩惱。只要觀照它，直心對待它就行了。

09 Letters to a Young Friend

J. Krishnamurti

一條河穿過大地。那不是平緩地匯入巨流的安靜小河，而是喧豗而歡悅的飛湍瀑流。四周的鄉間丘壑蜿蜒，河流有多處瀑布。有個地方有三層瀑布。最高的那一層聲音最響亮；另外兩層沒有那麼喧鬧，聽起來比較像是低沉的嗚咽。三層瀑布高低不同，因而產生此起彼落、相續不斷的樂章。你得聽一聽這個音樂。那是在樹林間、在曠野裡演奏的管弦樂。音樂就在那裡；你必須到外頭找尋它，你必須傾聽，你必須在湍流當中聆聽它的音樂。你必須凝神傾聽它，天空、大地、聳入天際的樹木、蔥蔥蘢蘢的田野、奔流不息的河水——只有你聽得見。可是這一切都太麻煩了；人會買一張票，坐在音

我們的生命如此空虛。
因為空虛，所以我們試圖填充它，
以音樂、諸神、愛、各種形式的逃避，
可是這樣的填充反而讓人更空虛。

Our life is empty. Being empty, we try to fill it—with music, with gods, with love, with forms of escape—and the very filling is the emptying.

樂廳裡，身邊坐著人群，聆聽樂團的演奏或是演唱者的歌聲。他們為你打點一切；有人創作歌曲和音樂，有人演奏或歌唱，而你則是買票聆聽。生命裡的每一件事，除了少數的例外，都是二手的、三手或四手的——諸神、詩、政治、音樂。

我們的生命如此空虛。因為空虛，所以我們試圖填充它，以音樂、諸神、愛、各種形式的逃避，可是這樣的填充反而讓人更空虛。而美不是買得到的東西。想要美和善的人寥寥無幾，我們都滿足於二手的東西。把它們都拋開，才是唯一真實的革命，才能產生實在界的創造力。

很奇怪人為什麼會堅持一切事物都是連續性的，不論是關係、傳統、宗教和藝術。沒有斷裂和重頭來過這回事。如果我們沒有書本，沒有領導者，沒有人可以模仿，沒有人可以跟隨，沒有模範；如果我們形隻影單，孑然一

那個古老的心，充斥著傳統、恐懼、知識和經驗。
人必須澈底脫卻的，正是這個心靈自身，
才有辦法成為新的自己。

It is the same old mind, ridden with tradition, fear, knowledge and experience. It is the mind itself that must denude itself, wholly, for the new to be.

身，拋開所有知識，那麼我們就不得不從頭來過。當然，這個澈底的自我剝奪必須是完全出於自願的；否則我們會發瘋，落入某種精神官能症。能夠外息諸緣、塊然獨處的人似乎屈指可數，於是這個世界持續著它的傳統，包括藝術、音樂、政治、諸神崇拜，而這些只會不斷滋長痛苦煩惱。現在的世界就是這個境況。沒有任何新東西；只有反對和鎮壓反對。在宗教裡，怖畏人心的古老說法和教義依然故我。在藝術裡倒是致力於找尋新事物。可是心靈不是新的；致力於找尋新事物的，還是同樣那個古老的心，充斥著傳統、恐懼、知識和經驗。人必須澈底脫卻的，正是這個心靈自身，才有辦法成為新的自己。這就是真正的革命。

南風吹起，烏雲密佈，大雨滂沱，萬物都抽出新芽，向外伸展，大地煥然一新。

10 Letters to a Young Friend

附近的農夫有一隻漂亮的兔子，活潑潑又蹦蹦跳跳。他太太把兔子抓來給他，農夫把牠宰了。幾分鐘前還活蹦亂跳、眼睛炯炯有神的兔子，現在卻被那婦人剝了皮。就像世界其他地方一樣，這裡的人也習慣宰殺動物。宗教並沒有禁止他們殺生。在印度，數個世紀以來，至少在南方的婆羅門，他們會教導孩子不可以殺生，認為殺生是殘忍的事，可是有許多人長大以後，卻改變了他們的文化。他們吃肉；他們當上軍人，殺人也被殺。一夕之間他們的價值觀就改變了。數個世紀以來的文化模式被推翻，以新的模式取而代之。對安全感的渴望是如此強烈，以至於人心可以調整到任何模式，以便獲

和心裡的某個欲望獨處是容易的，
我們不用意志去抵抗它，
也不任由它促成行動，不要讓它得到滿足，
也不通過自我辯解和指摘來製造它的對立面；
僅僅是和這個欲望本身相處，和它待在一起。

It is easy to be alone with a desire, not to resist it by an act of will, not to let it run away into action, not to allow its fulfilment, not to create its opposite by justification or condemnation, but to be alone with it.

J. Krishnamurti

得這種安全，這份保障。可是世上並沒有保障這回事。假如人真正領悟到這點，就有一種完全不同的狀態，它會帶來其特有的生活方式。那樣的生命是沒辦法被理解或模仿的；人唯一能做的，就是領悟和覺察到尋求安全的各種途徑。而這樣的覺察本身可以讓人得到自由。

大地如此美麗，你越是感知到它，它就越加美麗——它的顏色，還有各種不同的綠色和黃色。當人和大地獨處時，會有驚奇的發現。不只是昆蟲、鳥、野草、形形色色的花、岩石、樹木和色彩，就連念頭也是如此。我們從未與任何事物獨處過，從未與我們自己或是與這片大地獨處過。和心裡的某個欲望獨處是容易的，我們不用意志去抵抗它，也不任由它促成行動，不要讓它得到滿足，也不通過自我辯解和指摘來製造它的對立面；僅僅是和這個欲望本身相處，和它待在一起。這樣做會營造出一種奇特的心境，裡面不存在任何意志的行動。產生抗拒和衝突的是意志。和欲望獨處，會使欲望本身產生蛻變。要推敲琢磨它，觀察其中的變化；不要強求任何事，而只是以平常心觀照它。

J. Krishnamurti

11 Letters to a Young Friend

我們所說的教育究竟是什麼意思？我們學習讀寫，習得謀生的技能，就出去闖天下了。我們從小就被教導該怎麼做人處世，該怎麼思考，我們心裡被社會和環境的影響深深地制約。

我們可以只教導外在行為而保留內心的自由嗎？我們可以幫助內心得到永遠的自由嗎？因為唯有自由才可以讓我們擁有創造力並且快樂。否則，生命就會是個煎熬，會是一場內心的戰爭，同樣會是一場與外界的戰爭。內心要獲得自由，是需要用心和智慧的，可是沒有幾個人明白它的重要性。這是唯有自由才可以讓我們擁有創造力並且快樂。
否則，生命就會是個煎熬，會是一場內心的戰爭，
同樣會是一場與外界的戰爭。

It is only in freedom that we can be creative and so be happy.
Otherwise, life is such a torturous affair,
a battle within, and so without.

J. Krishnamurti

個奇怪的世界。我們關心外在的世界，卻不關心創造力。如果要改變這一點，至少要有少數幾個人明白這件事的必要性，而他們也在為自己的內心營造這份自由。

重要的是在潛意識裡的澈底改變。意志的任何有意識的行動都沒辦法觸及潛意識。既然有意識的意志沒辦法觸及潛意識的追逐、欲求、渴望，意識的心就必須止息忘想情慮、致虛守靜，不要逼著潛意識服從任何行為模式。潛意識有它自己的行為模式，有它自己的作用結構。這個結構不可以被任何外在行為打破，而意志就是一個外在行為。假使我們澈底看清和理解這一點，那麼表層意識的活動就會自然停歇下來；而且由於不再有意志產生的抗拒，你會看到所謂的潛意識也開始擺脫它的種種桎梏。唯有如此，整個人的存有才會澈底地蛻變。

12 Letters to a Young Friend

J. Krishnamurti

真正的尊嚴是相當罕見的事。一個體面的工作或職務會讓人覺得有尊嚴。這就好像人披上了一件外套。外套、妝扮、職位可以讓人贏得尊嚴。一個頭銜或地位也會使人有尊嚴。可是如果撇開這些東西，很少有人具備真正的尊嚴，這種尊嚴來自於他內心的自由，**做一個什麼都不是的人**。人總是渴望功成名就，在社會上有個人人尊敬的地位，或是成為某個類別的人——聰明人、有錢人、聖人或是物理學家。如果一個人沒辦法被放進社會認可的類別裡，他就會被視為一個怪人。尊嚴是沒辦法假裝的，也沒辦法培養出來。意識到自己有尊嚴，其實就是意識到自我，而自我是極其渺小又微不足道

意識到自己有尊嚴，其實就是意識到自我，
而自我是極其渺小又微不足道的。
既不想成為這樣的人，也不將自己歸類到那樣的人；
這時，人才擁有真正的尊嚴。

To be conscious of being dignified is to be conscious of oneself, which is to be petty, small.
Being, not of or in a particular state, is true dignity.

的。**做個什麼都不是的人**，就是擺脫所有這些觀念。既不想成為這樣的人，也不將自己歸類到那樣的人；這時，人才擁有真正的尊嚴。這樣的尊嚴是無法被奪走的，它一直會在那裡。

讓生命自由奔流，沒有任何殘留，就是真正的覺照。人的大腦就好比一個過濾篩。這個篩子留住一些東西，也讓另一些流走。人所執持的，就只有他自己的欲望那麼大，而不管他的欲望再怎麼強烈、巨大或高貴，也都是渺小而不足稱道的，因為欲望只是心的產物。不要阻攔它，讓生命擁有流動的自由，沒有羈絆也沒有選擇，那就是澈底的覺照。

我們總是在選擇或執取，我們會選擇對自己重要的東西，而且一直執持著它們。我們把它叫作經驗，而經驗的增長，我們則稱之為生命的豐盈。然而生命的豐盈其實是放下經驗的累積而得到的自由。一旦頭腦裡所積累的經驗被牢牢地執持著不放，我們就無法迎接那未知的狀態。已知的東西並不那麼可貴，但我們的大腦卻緊緊抓住已知，於是就破壞和沾染了未知的事物。

生命是奇怪的事。什麼都不是的人才是快樂的。

13 Letters to a Young Friend

J. Krishnamurti

我們都是情緒錯綜複雜的生物，至少大部分的人是如此。很少人可以逃脫情緒的繫縛。有些人是因為身體情況的關係，有些人則是心理狀態導致的。我們喜歡這些跌宕起伏的狀態，認為情緒的波動是存在的一部分。或者我們會在不同情緒之間漂流不定。可是有少數人不被這種流動羈絆，脫離生滅流轉的戰場，內心輕安自在，那不是意志的安穩，它是一種不用辛勤拂拭的安穩，而不是專注在興趣上的那種安穩。唯有當意志的行為止息，它才會自然臨到人的身上。

生命是奇怪的事，什麼都不是的人才是快樂的。

Life is a strange business. Happy is the one who is nothing.

金錢會使人墮落。有錢人有一種莫名其妙的傲慢。除了少數例外，在每個國家裡，有錢人都有個奇怪的感覺，以為他們可以扭轉任何事物，甚至可以賄賂他們的神。有錢人不僅是財富盈箱累篋，而且可以頤指氣使，權勢使人有一種奇怪的自由感。他覺得自己凌駕眾人之上，覺得自己出類拔萃。凡此種種，讓他生起一種優越感；他好整以暇地坐著看別人櫛風沐雨，困苦勞頓，渾然不覺自己的無知以及心靈的闇昧。金錢和權勢使人得以逃避這個闇昧，但是逃避也是抗拒的一種形式，它會滋生自己的問題。

生命是奇怪的事。什麼都不是的人才是快樂的。

14 Letters to a Young Friend

以輕鬆自在的態度面對人事物，但是內心要充實而寂寂惺惺。對於種種現起的心行以及你自己，都要時時檢點刻刻覺察，分秒不要空過。這就是所謂的感受力，不只是對於一兩件事，而是任何事物的感受力。對於美的事物感受強烈而厭惡醜的事物，那會造成衝突。你知道的，當你觸境生識，你會知覺到心一直在作評斷，分辨善惡，臧否人物，比較、權衡、計算。心沒有一刻忘塵息念。我們的心可以只是觀看、觀察而不加以評斷或計算嗎？只是覺知而不起分別。看看它是否做得到。

心簡單了，外境就會簡單。
心的簡單是要拋卻貪多無饜的欲望。

With inward simplicity, the outer corresponds.
To be simple inwardly is to be free from the urge for more.

J. Krishnamurti

只要推敲琢磨它。不要逼拶它；讓心觀照它自己。想要生活簡單的人，大多是從外在世界下手，捨棄物質享受。可是他們心裡的客塵煩惱依舊不斷。心簡單了，外境就會簡單。心的簡單是要拋卻貪多無饜的欲望，那並不是指滿足於「如是」。拋卻貪多無饜的欲望不是就時間、進步或成就境界這些方面的思考。

心的簡單就是不去計較任何結果，一切衝突都不起於心。這才是真正的簡單。

我們的心怎麼會在美醜之間拉扯爭戰，計執其中之一而排斥另一方呢？這個衝突會使心變得感覺遲鈍而硜硜自守。就算它試圖在兩者之間劃一條不明確的界線，也都會落於一邊。人的思想念頭沒辦法擺脫對立；因為創造美醜善惡的正是思想與念頭。它沒有辦法擺脫自己的行動。它唯一能做的，就創造美醜善惡的正是思想與念頭。
它沒有辦法擺脫自己的行動。
它唯一能做的，就是致虛守靜，而不去選擇。

Thought itself created the ugly and the beautiful, the good and the bad. So it cannot free itself from its own activities. All that it can do is to be still, not choose.

J. Krishnamurti

是致虛守靜，而不去選擇。有選擇就有衝突，而心又會落於種種執著攀緣。心一旦安靜下來，便超越了二元對立。

15 Letters to a Young Friend

人有太多不滿了，而又以為單憑一個意識型態就可以解決所有問題，甚至消除不滿，那當然是永遠也做不到。共產主義、宗教或任何其他團體，都沒辦法避免不滿。人想方設法要抑制它、引導它、使它感到滿意，但是不滿一直都在那裡。我們以為心懷不滿是錯的，一般也認為這樣是不對的，但是不滿的感受卻揮之不去；不滿是必須被理解的。理解並不是譴責。要真正深入其中觀照它，而不要想改變它或是疏導它。意識到它如何在行住坐臥當中生起，覺知它的路徑，面對它。

當人的心塊然獨存，自由就會臨到他。不必刻意為之，讓心安靜下來，放下所有念頭而行無所事。不要有任何罣礙，就只是覺照它，讓心念都安靜下來。

只要人追求饜足，就會有挫折。饜足的歡愉是個不變的欲望，我們想要讓這個歡愉相續不斷。而這個歡愉的終點就是痛苦的挫折。於是我們的心會另闢蹊徑去找尋饜足，而它也會再度遇到挫折。這個挫折就是自我意識的作用，它是孤立、分裂、孤獨。於是心又想要逃遁到某種形式的饜足。汲汲於追求饜足，會招致二元對立的衝突。唯有當心看到饜足的徒勞無益或真相，明白其中總是伴隨著挫折，那麼心才可以安住於那個無處可逃的孤獨境況。唯有當心安住於這個無處可逃的孤獨境況，它才有辦法從這個孤獨裡得到自由。分裂之所以存在是因為追求饜足的欲望；挫折即是分裂。

每個經驗，每個念頭，
在每天的行住坐臥之間剎那生滅，
不讓心把它的根延伸到未來。
這是至關緊要的事，因為這才是真正的自由。

Every experience, every thought must end each day, each minute, as it arises, so that the mind does not put out roots into the future. This is really important, for this is true freedom.

J. Krishnamurti

不要讓心產生任何衝突，即便是短暫的。這些心理的反應會影響身體，產生不好的結果。內心要強大。要堅固而廓然澄澈。要完完整整；不是試圖做個完整的人，而要當下即是。不要依恃任何人，任何事物，任何經驗或記憶；對於過去的依恃，不管再怎麼快樂，都只會阻礙了當下的完整性。要覺觀它，讓這個覺觀完整而分秒不間斷。

睡眠是必要的事；在睡眠當中，我們會探觸到未知的深處，意識不曾觸及或經驗到的深處。儘管我們或許不記得關於那個超越了意識或潛意識的世界的經驗，它卻影響著心的整個意識。也許沒有那麼明顯，但是只要讀它，只要推敲琢磨它就行了。我感覺到有某些東西是沒辦法歷歷分明的。它們是言語道斷的，但是它們一直存在著。

保持身體健康，那是很重要的事。你必須輕鬆自然且願意放下所有歡愉的記憶和影像，使你的心自在而沒有任何染著，才可以觀照實相。請務必記得這些話。每個經驗，每個念頭，在每天的行住坐臥之間剎那生滅，不讓心把它的根延伸到未來。這是至關緊要的事，因為這才是真正的自由。如此一來，就不會有相依相待，因為相依相待會招致煩惱，影響身體，並且滋生心理的抗拒。有抗拒就會產生問題，不論是想要達成什麼或追求完美之類的。

有馳求就會營營擾擾，就會窮思極想，就會困心衡慮。如此營營擾擾、衡慮困心，其結局不外是挫折——我想要某個東西，或是我想要揚名立萬。在馳求的過程當中，人總是貪多務得，而又看不到盡頭，於是就會心生挫折，然後煩惱就會生起。於是人又轉向另一種形式的饜足，以及其不可避免的結果。營營擾擾，窮思極想，其牽扯範圍無遠弗屆。人為什麼要馳求？心為什麼要不停地馳求，是什麼讓它有如渴驥奔泉一般？你知道或者你意識到你正在馳求嗎？如果你是的話，你馳求的目標時時在改變。你看清楚馳求背

我們把生命分成生和死。於是一定會有死亡的痛苦，以及它的分離、孤獨和孤立。生和死是同一個流轉，而不是各自孤立的狀態。

We divide life as living and dying. Then there must be the ache of death, with its separation, loneliness and isolation. Life and death are one movement, not isolated states.

後的意義，以及它的挫折和煩惱嗎？尋得令人心滿意足的東西，有歡樂和憂懼，以及生滅流轉，然後停滯下來。如果你意識到你正在馳求，有可能讓心無所求嗎？而如果心不再馳求，那麼一個無所求的心直接而真實的反應會是什麼？

推敲琢磨它，入室搜括，把它找出來；不要逼拶任何事，不要勉強心去接受任何特別的經驗，因為那會使它生起顛倒妄想。

我見過一個臨終的人。我們對死亡是如此恐懼！而我們害怕的，其實是生活；我們不知道怎麼生活；我們知道什麼是不幸，而死亡就是最後的不幸。我們把生命分成生和死。於是一定會有死亡的痛苦，以及它的分離、孤獨和孤立。生和死是同一個流轉，而不是各自孤立的狀態。生就是死，捨棄一切，每天都在生死流轉。這不只是個理論，而是要真的去體驗的。然而人想要存在的欲望，破壞了這種單純的存在。這樣的存在完全不同於追求滿足、成就或理性的結論。這種單純的存在中並沒有自我。透過藥物、興趣、專注或是澈底的認同，都會帶來令人滿意的狀態，但其中仍然有自我的意識。真正的存在是意志力的止息。你不妨推敲琢磨這些念頭，快樂地實驗看看。

16 Letters to a Young Friend

J. Krishnamurti

這是個萬里無雲的早晨，大清早碧空如洗，潔淨、溫柔而湛藍。所有雲都被驅散了，但是它們或許還會聚集起來。在這一波冷鋒和疏風驟雨之後，春天會再度破繭而出。儘管陣陣清冽冷風，春天依舊一步步溫柔地走近，現在則是輪到葉子和嫩芽要歡呼的時候了。大地真是個可愛的東西！它孕育出來的事物真是美不勝收——巍峨的巉岩、潺潺的溪流、蓊鬱的林樹、嬌豔欲滴的花朵，以及它所生產的無盡事物！

只有人才會憂心煩惱，只有他才會殘害他自己的物種，傷害他的同胞；

儘管人有種種才能，儘管有富麗堂皇的神殿、教堂、清真寺和主教座堂，他卻生活在他自己的黑暗裡。他的神就是他的恐懼，他的愛就是他的恨。

But with all his capacities, in spite of his lovely temples and churches, mosques and cathedrals, he lives in his own darkness. His gods are his fears, and his loves are his hates.

只有他才會剝削自己的鄰人，才會殘民以逞，燒殺擄掠。人最不快樂，煩惱最多，但是人也最有創造力，他是時間和空間的征服者。可是儘管人有種種才能，儘管有富麗堂皇的神殿、教堂、清真寺和主教座堂，他卻生活在他自己的黑暗裡。他的神就是他的恐懼，他的愛就是他的恨。我們原本可以有個不可思議的美麗世界，沒有戰爭也沒有恐懼。可是空想有什麼用呢？一點用也沒有。

人的不滿足很重要，不可避免的不滿足。它是個珍貴的東西，價值不菲的珠寶。可是人害怕它，揮霍它，利用它，或是藉由它導致特定的結果。人畏懼它，可是它是珍貴的珠寶，是無價的。你要隨順它，日復一日地觀照它，不要干涉它的流轉；如此它就會像燃火一樣，燒盡所有殘渣，只留下那些無家可歸的東西，不可測量的東西。你要反覆咀嚼我說的這些話。

有錢人窮奢極侈，窮人卻要忍飢挨餓，搖尾求食，一輩子困苦勞頓。一無所有的人會讓生命自己變得豐富而有創造性，擁有整個世界的人卻會揮霍它而漸漸沒落。有的人有了一塊地，就會使它變得美麗而且多產豐饒，也有的人會視若無睹而任其荒蕪，如同他自己的死亡一般。我們有各式各樣的無限能力，去探索那不可名狀的東西，或是創造一個人間煉獄。不知怎的，人寧可滋生仇恨和敵對。仇恨和嫉妒要容易得多了，而既然社會是建立在貪得無饜之上，我們也就沉落到各種形式的利慾薰心。於是人也會有持續不斷的傾軋爭鬥，把它合理化並且視為高貴的事業。

一個沒有爭鬥、沒有意志、沒有揀擇的生命，那是無限富足的。然而當我們的文化是爭鬥以及意志行為的產物時，那樣的生命就會處境艱難。對於幾乎所有生物而言，如果沒有了意志的行為，那就要面臨死亡。對於大多數人而言，假如沒有某種野心，生命就沒有意義。但的確有一種沒有意志和揀擇的生命。唯有當意志的生命止息了，這樣的生命才會出現。

我希望你不介意讀到這些內容。假如你不介意的話，那麼就歡喜地閱讀和傾聽它吧。

17 Letters to a Young Friend

太陽正試圖破雲而出，它或許真的辦得到。有的日子是春天，到了次日又變成了冬天。天氣就像人的心情高低起伏，時陰時晴。

說也奇怪，我們既渴望自由，卻又想盡辦法奴役我們自己。我們失去了主動權。我們指望別人來指引或幫助我們，期望他們慷慨大方，期望和他們和平相處；我們尋找一個可以依止的導師、大師、救主、中保。有人創作偉大的音樂，有人演奏它，以他自己的方式加以詮釋，而我們則是聆賞它，享受它或是批評它。我們都是觀眾，望著演員、足球員或是電影銀幕。也有人

當人意識到在依恃他人時所涉及的許多葛藤糾纏，
那個自由就是創造力的開端。
那個自由是真正的革命。

When one is aware of the many implications involved in looking to others, that very freedom is the beginning of creativeness. That freedom is true revolution.

J. Krishnamurti

寫詩，而我們則是閱讀它們；有人作畫，而我們則是凝視欣賞他們的畫作。我們一無所有，於是指望他人來娛樂我們，啟發我們，指引或是拯救我們。漸漸的，現代文明正在摧殘我們，掏空我們的所有創造力。我們心裡空虛，因而指望別人來充實我們，於是我們的鄰人會趁機剝削我們，或者是我們利用他們。

當人意識到在依恃他人時所涉及的許多葛藤糾纏，那個自由就是創造力的開端。那個自由是真正的革命，而不是社會調適或經濟調控的那種假革命。這種革命只是另一種奴役的形式。

我們的心會替自己築起安全的城堡。我們想要一切都有個保障，我們的關係、欲望的饜足，以及我們的希望或我們的未來。我們建造這些內心的監獄，任何來打擾我們的人都會令我們苦惱。真是奇怪，人心怎麼會想要找尋當心真的處在這樣的寂靜中，那是最不可思議的事。
在那個境界裡，所有知見思慮的意識都會止歇。
心的本能衝動和記憶也都停下來。

It is most amazing what happens when the mind is thus silent. In that state, all consciousness as knowing and recognizing ceases. The instinctual pursuit of the mind, memory, has come to an end.

J. Krishnamurti

一個意志沒有衝突或者干擾的區域？我們的生活正是以不同的方式不斷地拆除和重建這些安全區域。於是我們的心變成了單調乏味而疲倦的東西。自由其實就在於沒有任何保障。

擁有一個沉默平靜的心而息諸妄想，那是讓人瞠目結舌的事。這裡所指的平靜不是一片死寂的心，也不是透過意志而靜止的心。意志可以讓心平靜下來，但是它可以讓整個生命都淵湛寂默嗎？當心真的處在這樣的寂靜中，那是最不可思議的事。在那個境界裡，所有知見思慮的意識都會止歇。心的本能衝動和記憶也都停下來。有趣的是，心會想盡辦法要以言詮思慮去捕捉那無以名之的境界。但是如此自然而然地止歇的過程，就像是萬緣放下一樣。人都不想死，於是一直會有潛意識的對抗，而這個對抗就叫作生命。很奇怪大部分的人都想要在別人心裡留下印象，以他們的成就、聰明才智、著作等各種方式想盡辦法證明自己。

18 Letters to a Young Friend

J. Krishnamurti

一切都好嗎？你的日子是否比織工的梭子還要飛快？你一天的生活是否宛如一千年？

真是奇怪，對於大多數人而言，無聊居然是一件大事；他們必須找點什麼事來做，東忙西忙，有個活動、看看書、進廚房、照顧孩子，或是忙神的事。否則他們就要和自己獨處，那就會無聊透頂了。當他們面對自己的時候，他們會變得自我中心，反覆無常，或是心神不寧，或是脾氣變壞。一個無所住的心——它不是否定性的、耽於靜境的心，而是寂寂惺惺的、不將不

一個無所住的心——它不是否定性的、耽於靜境的心，
而是寂寂惺惺的、不將不迎的、究竟空的心——
那是何等勝妙的東西，而且有無限的可能性。

An unoccupied mind—not a negative, blank mind but an alert, passive mind, a totally empty mind—is a sweet thing, capable of infinite possibilities.

迎的、究竟空的心——那是何等勝妙的東西，而且有無限的可能性。念頭妄想會讓人厭煩，了無新意又單調乏味。人也許突然有個聰明的想法，但是聰明是個鋒利的工具，它很快就會磨損，這就是聰明人為何遲鈍的原因。

就讓心無所住而不要刻意強求。讓心任運自然，而不要將心捉心。以覺觀讀心，讓它自然生起。傾聽或解讀這個無所住的心，以及如何傾聽和解讀它，是至關要緊的事。

正確的運動，良好的睡眠，意義充實的生活，也都很重要。但是人往往塵務經心，很容易就墮入種種驕矜自滿而且自以為是的行為模式。這些模式無一不走向死亡，一點一滴漸漸地凋殘枯萎。把日子過得豐盈，沒有強迫、恐懼、比較、衝突，而只是覺觀，這樣的生活就是有創造力的。

我們很少有機會感受到這點，我們的生活裡充斥著磨損人心的記憶、挫折和空虛的營營役役，而讓真實的事物悄然掠過。厭煩的烏雲籠罩著一切事物，真實的事物也就杳無蹤影。要穿透這片烏雲，沉浸在澄湛的光輝裡，那是相當困難的事。你只要觀照它，這樣就足夠了。不要試圖讓自己變得簡單。這個嘗試本身就會滋生種種牽連糾纏和痛苦煩惱。有嘗試就有生滅流轉，這個生滅流轉往往就是欲望以及伴隨而來的挫折。

擺脫所有情緒和心理的衝擊，是再重要不過的事。這不是說人必須對於生命的流轉麻木不仁。這些衝擊會漸漸累積各式各樣的心理抗拒，它們會影響身體，導致各種形式的疾病。生命是相續不斷的事件，不管喜歡或討厭，而只要你挑選揀擇什麼是我們應該執持的、什麼應該拋棄，就難免要落入二元性的衝突，而那就是衝擊。一連串的阻攔會使人變得鐵石心腸。那是個自我封閉的過程，種種痛苦煩惱也會跟著生起。讓生命自己流轉，不加以揀擇，任何特定的流轉，不管是喜歡或不喜歡的，都不要讓它生根，這需要歷智慧是完全免於恐懼的自由。
智慧不是什麼值得尊敬的庸言庸行，
也不是出於恐懼而養成的形形色色的德行。

Intelligence is the total freedom from fear. Intelligence is not respectability, nor is it the various virtues cultivated through fear.

J. Krishnamurti

歷分明的覺觀。那不是說要無時無刻的尋伺，這麼做會使人疲於奔命，而是要看到覺觀的真理的必要性；如此一來你就會明白，就算你沒有逼拶著自己去尋伺，這個必要性也會起作用的。

人可以去旅行，在最好的學校受教育，盡情享受美食和指導，還有怡人的氣候，可是這一切有助於智慧的養成嗎？我們也許認識這樣的人，他們都是有智慧的人嗎？這種養成有若干明顯的效應，會讓心智變得更有效率，更加敏捷靈活，但是這些不同的能力並無助於智慧的增上。博學深思的人，見多識廣的人，接受科學教育的人，他們是有智慧的人嗎？你不覺得智慧是完全不同的東西嗎？它是一種免於恐懼的自由。如果人把道德建立在各種形式的安全感之上，那麼他們不是有道德的，因為想要得到安全感是恐懼的結果。恐懼以及恐懼的壓抑，我們把它叫作道德，但是它根本就不是道德。智慧是完全免於恐懼的自由。智慧不是什麼值得尊敬的庸言庸行，也不是出於恐懼而養成的形形色色的德行。如果我們了解恐懼，就會看到與關於心的各種說法迴然不同的東西。

19 Letters to a Young Friend

我們不妨對於認同做個實驗，從最簡單的到最複雜的認同。我們說這個東西是我的——我的涼鞋，我的屋子，我的家庭，我的工作，以及我的神。有了認同，就會有貪著執取。對它的控制成了一種習慣。任何有可能破壞這種習慣的干擾都是痛苦的，於是我們都會努力要克服這種痛苦。可是這種覺得「那是我的」的認同，是一種相續不斷的東西。你可以實驗看看，只要覺觀而不要意欲改變它或做選擇，你就會在自己心裡看到許多讓人訝異的東西。心是由過去的事物、傳統、記憶構成的，它們是認同的基礎。我們現在所知道的心，有辦法拋開這個認同的過程而起作用嗎？找出它，對它推敲琢有了認同，就會有貪著執取。
對它的控制成了一種習慣。
任何有可能破壞這種習慣的干擾都是痛苦的，
於是我們都會努力要克服這種痛苦。

With identification comes the struggle to hold. Containing it becomes a habit. Any disturbance which might break that habit is pain, and then we struggle to overcome that pain.

J. Krishnamurti

磨，覺觀對行住坐臥當中的事物以及對抽象事物的認同是如何生起的。我們會挖掘出種種怪誕的事物，看到念頭如何消失，看到它如何捉弄它自己。

我們不妨以覺觀追蹤念頭，看看它如何穿過心的一道道門廊，挖掘它，但是不要做選擇，而只是持續追蹤它。

要能夠不起貪欲，不渴望特定的東西或事件，或者不生起分別心，這是特別困難的事。我們的種種心境，欲望、渴愛和分別心，都是相續不斷的等無間緣。我們都在貪多務得，都想要趨樂避苦。心為什麼要在自己裡頭創造一個核心，繞著它打轉？生命是由無數的影響所構成的，數不清的壓力，不管是有意識或無意識的。我們會選擇或排除某些壓力和影響，於是漸漸建造了一個核心。我們無法讓所有壓力和影響經過而不為所動。每個影響，每個壓力，都會對我們起作用，而這個效應有好有壞；我們似乎沒辦法照見或覺觀壓力，沒辦法不去回應它，不管是抗拒或歡迎它。這個抗拒或歡迎就構成了我們行為的核心。心可以不要建造這個核心嗎？我們只有透過實驗才能找到答案，而沒辦法妄加肯定或否認。那麼就做個實驗，找出答案。隨著這個核心的隕歿，真正的自由才會臨到。

20 Letters to a Young Friend

人會忿恚、焦慮，有時候還會擔驚受怕。這些都是難免的事；它們都是生命的意外事件。前一陣子還晴空萬里，陽光普照，現在卻是多雲時雨而寒冷；這個變化是生活當中不可避免的歷程。焦慮和恐懼總會驀地襲上心頭。它們都有種種原因，不管是隱藏的或明顯的，只要略以尋伺，就會看到那些原因。然而重要的是覺觀這些插曲或意外事件，而不要讓它們有機會生根，無論是永久或暫時的。當心起分別、辯解、譴責或接受，就會讓這些反應生根。人的心裡必須時時警惕，但不要有緊張壓力。當你希求一個結果，就會生起緊張和壓力，你必須突破它。讓生命保持流動。

人的心裡必須時時警惕，但不要有緊張壓力。
當你希求一個結果，就會生起緊張和壓力，
你必須突破它。讓生命保持流動。

One has to be on one's toes all the time, inwardly, without any tension. Tension arises when you want a result, and what arises again creates tension, which has to be broken. Let life flow.

J. Krishnamurti

人太容易對於一切事物習焉而不察，習於不安、挫折，以及持續的滿足。人可以適應各種環境，適應瘋狂的行為或是苦行。心喜歡依據慣例和習慣而起作用，這個活動就叫作生活。一旦我們認清這一點，就會想要脫離它，試著過一個沒有意義、沒有心靈支柱和沒有興趣的生活。如果我們沒有那麼警醒，種種興趣會把我們拉回舊的生活模式。在其中，你會看到意志的指令是如何運作的——生存的意志、成就的意志、成為某種人的意志等等。意志是選擇者的核心，只要意志存在，心就不得不依據習慣而作用，不管是自己生起的或是來自外境的。要擺脫意志而得到自由，那是相當困難的事。人可以玩各種自欺欺人的把戲，以為自己擺脫了意志、「我執」的核心以及揀擇者，可是它會換個名字或穿上不同的外衣繼續存在。當人看到習慣的真實意義，看到對於事物的習焉而不察——選擇、指定、追求某個興趣等等——若是可以覺觀這一切，就會出現真正的奇蹟，也就是意志的止息。做個實驗看看，時時刻刻覺觀它，不帶任何目的。

意志是選擇者的核心，
只要意志存在，心就不得不依據習慣而作用，
不管是自己生起的或是來自外境的。
要擺脫意志而得到自由，那是相當困難的事。

Will is the very centre of the chooser, and as long as will exists, the mind can only function in habits, either self-created or imposed. Freedom from will is the real problem.

J. Krishnamurti

南方的天空和北方的天空迥然不同。在倫敦這裡，換一個環境，湛藍的天空清朗無雲，高聳林立的樹木正要抽出新芽。正是初春時分。這裡的人不像南方人那麼開心，他們臉上總是蒙著一層灰。

擁有一個寂寂惺惺的心，刻刻警覺的心，那是很幸福的事；它就像大地一樣，充滿了無限的可能性。唯有擁有這樣的心，沒有比較或譴責，人的存在才有可能無限豐盈。

J. Krishnamurti

21 Letters to a Young Friend

不要讓淺薄鄙陋的煙窒息你，讓燃火自己熄滅吧。你必須不斷往前走，於境緣上心生厭離，看破它，而絕對不要停下腳步。不要讓任何問題扎下根柢；當下就要放下它，每天早上醒來，都是煥然一新的、年輕的、天真的。

22 Letters to a Young Friend

要聰明且確實地照護你的健康；不要讓情緒和感覺妨礙了你的健康或是貶損你的行動。有太多的外境影響和壓力會不斷牽引著你的心識；要覺觀它們，截斷它們，不要成為它們的奴隸。成了奴隸，也就成了平庸的人。要覺觀它，宛如熊熊烈火一般照見一切。

23 Letters to a Young Friend

面對恐懼，迎接它。不要讓它像不速之客一樣驀地襲上心頭，而要時時刻刻面對它，鍥而不捨且志趣專一地追蹤它。

你的內心深處或許有什麼東西在慢慢枯萎；你可能沒有意識到這點，或者是意識到了，卻又忽視它。墮落的潮浪不斷地湧向我們；不管是誰都一樣。超越它，對它不將不迎，應而不藏，那會需要巨大的力量。唯有任何衝突都不生起，不管是意識或潛意識的，這個力量才會出現。要時時刻刻寂寂惺惺，湛然明白。

不要讓問題生了根而停滯不前。
要迅即放下它們，就像切奶油一樣地截斷它們。
不要讓它們留下任何痕跡，它們一生起就加以結束。

Don't let problems take root. Go through them rapidly, cut through them as through butter. Don't let them leave a mark, finish with them as they arise.

無論任何無可如何之遇，
不要被外境、被家庭、被你的身體狀況窒息摧殘。

Whatever happens, don't be smothered by circumstances, by the family, by your own physical condition.

J. Krishnamurti

不要讓問題生了根而停滯不前。要迅即放下它們，就像切奶油一樣地截斷它們。不要讓它們留下任何痕跡，它們一生起就加以結束。你不可能沒有煩惱的問題，只要能立刻放下它們就行了。

你的內在已經產生明顯的變化——內心深處的生命力、力量和清澈的智慧——保守它，讓它起作用，讓它的流動得以既深且廣。無論任何無可如何之遇，不要被外境、被家庭、被你的身體狀況窒息摧殘。飲食要適當，要多運動，不要偷懶。既然有了若干進境，那就再接再厲，不要駐足不前。記住，不進則退。不要因循泄沓，怠惰渙散。多年來，你一直在照護內心的波濤，退省自心，可是現在你要走出這個內心的活動，到外頭去接觸更多人，擴張自己。

24 Letters to a Young Friend

J. Krishnamurti

我做了很多靜坐冥想且深有所詣。我希望你現在也在修習。在每天的行住坐臥之間，時時刻刻覺觀每個念頭和感覺，以及神經和大腦的所思所想；接著你的心就會安靜下來，一念頓歇。你無法藉由控制達到這種狀態。那麼就真正開始靜坐吧。靜坐的工夫要做到底，敲骨打髓，捱至百尺竿頭。

無論如何觸境逢緣，都不要讓身體牽引心的本性。覺觀你的身體，飲食要正確，一天要給自己幾個小時的時間獨處。不要退墮了，也不要變成外境的奴隸。要立定腳跟不放鬆，時時刻刻清醒覺照。

在每天的行住坐臥之間，時時刻刻覺觀每個念頭和感覺，以及神經和大腦的所思所想；接著你的心就會安靜下來，一念頓歇。

Begin by being aware of every thought-feeling all day, the nerves and the brain; then become quiet, still.

第二部

給年輕人的六個人生思考

你是否曾經問自己為什麼要年復一年地上學讀書？你才三歲大的時候，父母親就把你送去幼稚園，接下來的十四年，也都是一樣的例行公事。你可以轉學，可是到處都是同樣的故事。你學習讀寫，假使運氣好的話，你會遇到好老師，開心地學習新事物。歷史、地理、數學、科學、文學等等，讓你對於人類的不凡成就大開眼界。

你在學校裡還學到什麼？或許你會發現自己在音樂或舞蹈、戲劇或遊戲方面的興趣和天賦。此外，你也會學習到紀律、尊重和行為舉止。

可是生命不是還有其他領域是你會想要認識和學習的——思想和感覺的內心世界？你不是應該學習認識到為什麼你有時候會受傷？什麼事情讓你生氣？你要怎麼處理它們？或者你害怕什麼事物？它們怎麼影響你和老師、父母或朋友的關係？你不會想要知道你如何看待周遭的樹木、植物和動物的生命之美，或者看到人類顛沛流離時的感受嗎？你不會想要找到你最想要做什麼，長大以後開心地去追求它嗎？

克里希那穆提非常關心孩子。他時常說，仔細觀察你周遭的生命，會比從書本裡學到更多東西。他要你質疑一切，不要依賴他人，自己去發現和學習。那樣的話，你可以學習認識到你的感覺、恐懼和焦慮，你的希望和歡樂，以及所有在你心裡生起的事物。

阿哈里雅・恰里 Ahalya Chari

你知道感受是怎麼一回事嗎？

這是當下至為重要的事，那就是你必須擁有強烈的感受力。擁有鮮明強烈的感覺；不要害怕它們。全心全意地愛一個人，以你的心、以你所擁有的一切……如此一來，你就會開始去關心，關心你自己究竟是什麼樣的人。

我不知道你們是否注意到今天清晨的下弦月和晨星非常接近。你們是否在房間裡、在河上看到皎潔的月光？河面水波不興，幾乎沒有任何漣漪；沒有微風；整條河相當靜謐。它美得出奇：遠方陰暗的河岸，銀白優雅的月色；晨星依舊閃爍著清暉；還有闃寂無聲的河水。一個漁夫正在划船。漁夫、寧靜的河、銀白的月、晨星以及遠方陰暗的河岸——這一切真是不可思議。

我們大多數人對於任何事物都沒有什麼感覺。你懂得什麼是去感受、用心和仔細觀察嗎？凝睇著河流、遠望月亮許久，感覺樹木隨風搖曳擺動，注視著一隻鳥——看牠怎麼飛翔，牠的翅膀有多麼柔軟，卻又出奇地強而有力，支撐著牠穿越騰騰落落的颶風——這些都需要用心去感受。你知道感受是怎麼一回事嗎？你不只是用手去感覺而已。當你觸摸某個東西，你就是在感受它。當你摩娑一隻蜥蜴，牠會讓你覺得很不舒服。假使你觸摸蟾蜍或是青蛙，你會覺得牠涼涼的、黏黏的，如果你把牠放在手心並且端詳牠，牠會讓你覺得很不舒服。如果你曾經把一隻受傷的小鳥抓在手裡，而牠又極力想要掙脫，你會感覺到牠的心臟在搏動；牠的身體充滿了生命力。

感覺樹木的搖擺，傾聽清晨時分吹過葉子間的習習微風，感受一下那些窮苦的婦人日復一日從村子裡走到鎮上，身上穿著襤褸的衣服，她們的衣服沒有洗過，她們也從來沒有泡過熱水澡，沒有乾淨的衣服可以穿，一輩子沒有吃飽過，勞苦終身而不得休息——這些都會讓人的感受力很強烈。傾聽一個人全心全意地唱歌，歌聲悠揚動人，不管技巧如何，也不管音符旋律，而他也不在乎是否有人在傾聽；在清晨聽見一隻鳥在鳴囀；傾聽漁夫划著船一面渡河一面哼船歌，那會讓人的感受力更加強烈；它會使人生氣盎然。

這就是為什麼感覺對你很重要，就是現在——感覺你穿著的樣式，你的坐姿，你走路的姿態，你如何玩遊戲，如何注視一棵樹，如何對待一隻狗，如何從樹上摘下葉子，如何和別人交談，其他人如何對待你，例如你的老師，以及他們怎麼和你說話。這一切在當下就很重要，不是明天或是五年後，到那時候就太遲了。

如果現在年輕而朝氣蓬勃的你對任何事物都沒有感覺，如果你沒有看到蜥蜴越過屋頂或牆壁，看到牠身手矯捷地抓到一隻蒼蠅；假如你沒有注意周遭的人，你的老師或你的朋友，那麼等你長大以後，你什麼也不會注意到；你對任何東西都不會有感覺。你的所有情緒都會被磨損毀壞，你對任何人事物都會無動於衷，不管是對你的兄弟姊妹、你的家庭、你的孩子，還有對於身邊人們的各種遭遇。而且你也不會注意到鳥、河流、樹木，以及這個大千世界。

我不明白為什麼我們沒有感覺也不在乎，不管是大人或是小孩。為什麼？為什麼我們不會對某些事物有強烈的感覺？我不是說民族主義、理念或是國旗，而是我們生活裡的尋常小事。那些不在乎的人讓我感到不解。我在想他們的孩子會過得如何——他們的孩子長大以後會變成什麼樣的人，他們會有什麼樣的想法，他們會有什麼樣的感覺、感受、憂惱和悲傷。我也在想他們結婚生子以後會變成什麼樣的人。

世界正在經歷巨大的變化，你或許對於這些變化一無所知。你或許會在某些地方耳聞到蛛絲馬跡。人們質疑所有事物，諸神、禮儀、家庭。一切都重新被質疑；一切都四分五裂。每年你都必須學習更多的東西，才能跟得上新的變化、新的技術和資訊。

我曾經和一個朋友聊天，他是個醫師。他在醫界聲譽卓著，可是現在他要更加勤奮工作，因為他必須跟得上新的外科技術、醫藥新知等等。他沒有時間；他累壞了，整個人筋疲力竭。當生活的腳步如此風馳電掣，充斥著緊張、焦慮和巨大的壓力，我們對於愛的感覺，對於樹木之美的感覺，對於一文不名的窮人的感覺，都會消失得無影無蹤，而我們在為人處世時只會識見淺陋又因循守舊。

所以，你必須擁有強烈的感受力，這是當下至為重要的事。擁有鮮明強烈的感覺；不要害怕它們。全心全意地愛一個人，以你的心、以你所擁有的一切。愛一隻鳥，愛你種的一棵樹；照護它。讓你的房間保持一塵不染。如此一來，你就會開始去關心，關心你自己究竟是什麼樣的人。

你知道關心是什麼嗎？

你一定要試著去注視、凝望和觀察。不要批評或比較。不要說「這個是好的，那個是壞的」，或者「這是對的，那是錯的」……只要觀察生活裡的各種事物就行了。觀察是最不可思議的事。有觀察才有知見。

你知道關心是什麼意思嗎？當你照顧一隻寵物，當你把衣物整理得有條不紊，當你清潔沐浴使自己保持乾淨，你就是在關心。假如你種了一棵樹，它會需要你的照顧；它需要關心。你或許必須為它生長的土壤施肥，沒有下雨的時候，你也必須定時為它澆水。假如你有一隻狗，你必須為牠梳理毛髮，讓牠吃正確的飼料，牽著牠出去散步，注意牠沒有染上任何疾病。當你做這些事——對於人們、動物、植物及各種事物有個感覺——那就是關心。關心是愛的一部分，而愛是一種更加深刻的東西。愛是以關心行住坐臥間的瑣事為起點。

如果你不去觀察身邊的每個事物，不論是鳥、樹木、人群或骯髒的街道，你就不能算是有智慧的。如果這些事物你都視而不見，那麼你長大以後就和那些已經長大的成人沒什麼兩樣；長大以後的你心裡沒有任何情感。所以你一定要試著去注視、凝望和觀察。不要批評或比較。不要說「這個是好的，那個是壞的」，或者「這是對的，那是錯的」。觀察你走路的方式，觀察看看你有多麼害羞或是百無聊賴。觀察長者如何對待年輕人，你的老師對你的態度如何，而你又是如何回應他們的。只要觀察生活裡的各種事物就行了。觀察是最不可思議的事。有觀察才有知見。

要對人們有真正的感情，只有凝視和傾聽是不夠的，還必須去關心。你是否關心任何人？你是否關心你的父母親？你的父母是否關心你？關心別人意味著要照顧別人、體貼別人，不讓他們受到殘酷的對待。而如果你不知道如何觀照和觀察，你就沒辦法真正關心任何人。

觀照一切事物是一門學問。如實觀照事物就像學習數學、歷史或地理一樣困難。在觀照中自有引人入勝的地方。觀照是個行動。假如你觀照事物，觀察它們，傾聽它們，你會忍不住採取行動。可是我們大多數人都視若無睹、充耳不聞，於是我們沒有任何行動。

幾個月前的某一天，我在瑞士和一個朋友開車出遊。我們前頭有個小女孩騎著自行車，突然間，她下車推著自行車往前走。我心裡有點納悶，目不轉睛地望著她。她拾起地上的一張紙，把它丟進路旁的垃圾桶，接著騎上車離開了。並沒有任何人要那個女孩這麼做，她只是覺得想要讓路面乾淨，於是下車把它撿起來。那只是個自然而然的、油然而生的欲望，想要維持鄉間的美麗。許多人大聲疾呼要行動，卻沒有真的那麼做。他們沒有看到事物的真正面目，因而沒有當下就行動。可惜的是，等到女孩長大成人，這種油然而生的感覺可能就消磨殆盡了。她會上學，學習某些科目，通過種種考試，可是這種感覺也會跟著不見蹤影。

我們為什麼會失去想像力？

擁有想像力是很美好的事。你必須有想像力才有辦法寫詩或者作畫……你會觀看陽光下的一片葉子，用你的全部感覺畫下它嗎？那意味著你可以和天上的白雲、雨滴、颶風、河流一起自由翱翔。而美就在其中。

當你還小的時候，你敏銳易感、朝氣蓬勃，而且充滿好奇心。當你還小的時候，你有不可思議的想像力。那麼為什麼等你長大之後，卻失去了這個能力呢？凝望汩汩的河水，你想像自己坐在船上，穿過狂風巨浪，航向大海。你讀過一些歷史，你會想像歷史上種種讓人如痴如醉的事物。當你抬頭仰望一片雲，對你來說，它是一座城堡，而你就置身其中。颯颯的風聲讓你以為你在聆聽餘音繞梁的音樂，而當你看到一隻巨鳥，你會想像乘其背搏扶搖而直上，遍歷整個大千世界。你會想像自己是個大人物，家中錢財車載斗量，或者想像你自己是個口若懸河的演說家，讓台下的每個人都出神聆聽，鼓掌叫好。你小時候會有這些逸興遄飛的美好想像，可是等到你長大了，它們卻銷聲匿跡。為什麼呢？

沒有人會鼓勵你做夢。不管是在學校或是在自己家裡，沒有人會對你說：「沒關係，玩個開心；盡情享受你的想像吧。」當你談到一些你的想像，大人們會說：「你又在說謊了。你不可以說謊，你必須誠實才對。」而且他們可能會處罰你。你或許曾經想像自己乘坐在雲端，可是當父母說你在說謊時，你當然就會從雲端掉回人間。

同樣的，在教室裡，你不可以看著窗外，遙望葉子上斑駁閃爍的燦爛陽光，或者是聞一聞花朵的馥郁芬芳。如果你注視著一隻嗡嗡叫的蒼蠅，你的老師會說：「你為什麼不專心看課本呢？」於是你馬上就失去了端詳蒼蠅的興致。這樣的事情在你孩提時候屢見不鮮。恐懼、沮喪、考試、成績，以及為了生計而競爭——這些事物使你的生活黯淡無光，隨之而來的就是種種憂苦煩惱。你從雲端落到人間。風雨和彩虹都不見了。你變得醜陋、逞凶好鬥、脣槍舌劍、操奇計贏，或者你成為想要實踐一個理想的社會工作者；但是那個夢畢竟幻滅了；想像的世界已經宛如野馬塵埃一般飄然遠去。

擁有想像力是很美好的事。你必須有想像力才有辦法寫詩或者作畫。你曾經作畫嗎？你的老師有沒有把一只花瓶或是其他東西擺在你眼前，要你描摹它？你是那樣作畫的嗎？或者你會觀看陽光下的一片葉子，用你的全部感覺畫下它嗎？那意味著你可以和天上的白雲、雨滴、颶風、河流一起自由翱翔。而美就在其中。

恐懼對你做了什麼？

恐懼的存在其實是和其他事物相依相恃的；它不會獨立存在。它是依存於一條蛇、你的父母或是老師，或者是死亡。它總是和某個事物有關。恐懼不是自存的東西。你是否意識到、覺知到你的恐懼和其他事物有關？

有一次我在加州外出散步，只是信步而行，沒有特別注意走到哪裡，途中抬頭仰望著一隻鳥。突然間我聽到一陣短促尖銳的撥浪鼓聲音。我朝著那個聲音的方向看過去，猛的往後跳開，因為前面路上有一條偌大的響尾蛇。你可能知道響尾蛇有劇毒。可是牠也叫作君子蛇，因為牠在攻擊之前一般都會出聲警告，而不像眼鏡蛇或其他蛇類那樣無聲無息地發動攻擊。這條響尾蛇又大又肥。我站在幾英尺外，我們四目交接。我可以清楚看見牠皮膚上的圖案，牠碩大的頭部，牠不會眨眼的眼睛（蛇沒有眼皮），以及牠那吞吐不

Happy is the One Who is Nothing

定的黝黑蛇信。我們又對望了一陣子，接著牠就離開了，可是就在牠要走的時候，我挨近了一些，然後牠就蜷縮起來，準備要攻擊。我們就這樣僵持了半個多鐘頭。這時候，那條蛇漸漸厭倦了，不知道該怎麼辦。終於，牠再度游走，可是頭部和尾巴一直朝向我，如果我太靠近的話，牠隨時會盤起身體作勢攻擊。最後牠就悄悄隱沒在樹林下的草叢之間。

你也可以用同樣的方式觀照在你心裡生起的每個恐懼。不管是害怕蛇、害怕你的父母、害怕其他同學、害怕你的老師，或者是任何形式的恐懼，不要逃避它，而是要觀察它、質疑它，找出那個恐懼到底是什麼東西。觀照你的恐懼，認識它。

理解恐懼是相當重要的事。你知道什麼是恐懼嗎？我們從小就有種種恐懼。我們會害怕大人，害怕我們的父母親，害怕我們的師長。長大以後，這樣的恐懼依舊存在；世上大多數人，不管是年長或年輕的人，都會有這種難以言喻的恐懼感。你什麼時候會感到害怕？當你想到人家會說你什麼，或者你的父母會說什麼的時候，你的心裡就會生起恐懼；你害怕被批評，害怕被處罰，害怕考試不及格。當老師責罵你，或是你在班上、在學校、在家鄉不受歡迎，恐懼就會不知不覺地浮現，不是嗎？

年長的人有權力處罰你、排擠你，或者是把你禁足，要你待在房間裡；於是，不管是在學校或是家裡，我們一直都是在恐懼當中接受訓練。我們的生活是以恐懼模塑成形的，從童年一直到老死，我們都在擔心害怕。而你知道恐懼到底在做什麼嗎？當你心生恐懼時，你是否曾經觀照自己，感覺你的胃部怎麼痙攣、你怎麼冷汗直流，以及你又是怎麼做惡夢的？你不喜歡和你害怕的人在一起。我們心懷著那個恐懼到學校和上大學，我們也懷著恐懼離開大學，踏入一個非比尋常又深不可測的巨大洪流，我們稱之為生活。

對我而言，最重要的是如何訓練自己擺脫恐懼，因為恐懼會使我們的心了無生趣，癱瘓我們的思考，一步步向黑暗走去。只要我們一直擔心受怕，我們就無法創造一個新的世界。

你要怎麼搞清楚恐懼是什麼？你害怕輿論嗎？或者是你的朋友和其他人對你的看法？我們大多數人，尤其是年輕的時候，不管是外表、打扮或是談吐，都想要和別人一樣。我們不想要有一點點差別，因為差別意味著不願意從眾，不願意接受特定的模型。而當你開始質疑那個模型，就會心生恐懼。現在，你不妨檢視那個恐懼，深入探究它。不要只是說「我很害怕」，然後就逃避它。直視它，面對它，找出你害怕的原因。

比較當然是恐懼的諸多原因之一。我們的社會就是建立在比較之上的，而我們也都認為比較對於成長而言是有其必要的。當一個老師拿你和其他或許比較聰明的孩子做比較的時候，你會有什麼反應？你是否注意過當你被人拿來和別人做比較的時候，你會有什麼反應？老師對你說：「你要和他們一樣聰明。」為了讓你和其他孩子一樣勤奮好學，他們給你打分數，於是你發憤忘食，不停地比拚競爭；你對他人心生欣羨。由比較而生起羨慕、妒嫉；而妒嫉就是恐懼的開端。當你拿自己和別人衡短論長，那麼別人就比你重要；作為一個個體及其種種稟賦、氣質、困難、問題，你自己並不重要，別人才是重要的。於是你被冷落了，努力要變成像別人一樣。在這樣的汲汲營營當中，就會生起羨慕和恐懼。

如果人有了恐懼，就不會主動去創造。擁有主動的創造力，意思就是從事獨創新意的工作——不假外求的、自然而然的，沒有人指引、強迫或操控。那是做你喜歡做的事。你是否曾經在外出散步時看到別人有困難而伸出援手，主動而自然地，出於你自己的心，不用等別人告訴你該怎麼做？如果你有了恐懼，你的生活就會把這些事拒於門外；你會變得漠不關心，不會去觀察周遭發生了什麼事。

你要怎麼擺脫恐懼呢？你可能會害怕蛇，害怕在班上被霸凌，害怕你的父母親，害怕社會，害怕宗教和政治上的領袖。你要怎麼擺脫所有這些恐懼呢？你是否其實不必害怕？因為假如你無法擺脫恐懼，那麼終其一生都會生活在陰影裡。你或許會擁有一棟燈火通明的屋子，你或許會有個好先生或好太太，可是假如你有任何形式的恐懼，那麼你就會一直生活在陰影裡。所以說，找出如何擺脫恐懼的方法，是相當重要的事。

要擺脫恐懼，首先你必須知道你在擔心害怕什麼？接下來，你不可以逃避它；你不可以逃避恐懼，而必須注視它。當你意識到你在害怕的時候，你會做什麼？你在逃避它，不是嗎？你會拿起一本書或是出去走走；你會試著忘記它。你意識到那個恐懼，你不知道怎麼處理它。你甚至害怕看到它，於是你慌不擇路地逃開。你一直在逃避你的問題，可是那無助於解決問題。到頭來你還是要面對它才行。

你有辦法看著你的恐懼嗎？假如你想要檢視一隻鳥，觀察牠的翅膀形狀、牠的腳、牠的嘴巴，你就必須走近牠，不是嗎？同樣的，如果你心生恐懼，你就必須湊近去注視你的恐懼。如果你逃避它，恐懼只會不斷增長。

恐懼的存在其實是和其他事物相依相恃的；它不會獨立存在。它是依存於一條蛇、你的父母或是老師，或者是死亡。它總是和某個事物有關。恐懼不是自存的東西。你是否意識到、覺知到你的恐懼和其他事物有關？你不害怕你的父母或老師嗎？我希望不至於如此，但是你或許會害怕。你不會害怕考試不及格嗎？你不會害怕別人對你的觀感不佳，說你不是個好孩子嗎？你不知道你自己的恐懼是什麼嗎？

首先你要知道你在害怕什麼。接著你要明白你為什麼害怕。恐懼是可以離開心而存在的東西嗎？恐懼難道不是心自己因為憶及從前或是把自己投射到未來而創造出來的嗎？恐懼會使人墮落，而假如要擺脫恐懼，我們必須明白我們的心是如何創造恐懼的。所有恐懼都是唯心所造，除此之外，沒有恐懼這種東西。我們的心想要一個避風港，它想要有安全感，它有各種形式的自我保護的野心；只要這些意圖存在，你就會有恐懼。重點是要明白這個野心，明白這個作用；兩者都是這個具有毀滅性的恐懼的跡象。

人需要自由和秩序

如果你大聲叫喊或放言高論，你就聽不到別人要說什麼。唯有安靜坐下來，注意到別人，你才有辦法聽得清楚。如果你沒辦法自由地觀看、自由地傾聽、自由地體諒別人，你就不會擁有秩序。自由和秩序的問題，是生命裡最困難也迫切的問題之一。

你是否曾經坐在岸邊，望著浩浩湯湯的河水奔流而去？你不能拿它怎麼辦。煙波浩淼的河面上漂流著落葉和樹枝，隨著滾滾河水一去不返，而你望著這一切。你看到河水的流動，看到它的波濤洶湧，它的濁浪排空。可是你什麼也不能做。你望著河水，任憑它川流不息。現在請你以同樣的方式，聽聽以下這席話。

如果沒有秩序，自由就無法存在。兩者是攜手偕行的。假如你沒辦法有秩序，你就不會有自由。兩者是焦孟不離的。假使你說：「我想做什麼就做什麼，我想用餐就去用餐，我想上課就去上課。」你會讓一切都亂了套。你必須考慮到別人想要什麼。為了要讓事情進行順遂，你就必須作息準時。你必須考量到別人，為他們著想。你要有禮貌、懂得體諒別人、關心別人。有了這個考量、這個體諒以及明察秋毫，不管是在內心或是外在行為上，就會有秩序。而有了秩序，也就會有自由。

當別人告訴你要做什麼、怎麼想、服從什麼、遵守什麼，你知道那對你會有什麼影響嗎？你的心會變得死氣沉沉；它會失去了它的主動性和敏捷性。這個外在的、自外部強加的規訓，會使你的心變笨；它要你從眾；它要你模仿。可是如果你透過觀看、傾聽、考量、體諒而自我規訓，那麼從這樣的明察秋毫、傾聽、對別人的體諒中，就會生起秩序。而只要有秩序，就會有自由。

如果你大聲叫喊或放言高論，你就聽不到別人要說什麼。唯有安靜坐下來，注意到別人，你才有辦法聽得清楚。如果你沒辦法自由地觀看、自由地傾聽、自由地體諒別人，你就不會擁有秩序。自由和秩序的問題，是生命裡最困難也迫切的問題之一。它是個相當錯綜複雜的難題；相較於數學、地理或歷史，你必須更加反覆思量。

假如你不是真的自由的，你就沒辦法成長茁壯，你不會擁有美好的人生，也看不到世界的美麗。如果鳥不是自由的，牠就沒辦法展翅翱翔。如果種子沒辦法自由地生長，從土地裡抽芽，它就沒辦法存活。萬事萬物都必須擁有自由，包括人類。但人類害怕自由而不想要它。鳥、河流、樹木都需要自由，我們也應該需要它；不只是部分的自由，而是完全的自由。自由、權利、在思想言論和行動上的獨立自主，是生命裡最重要的事。真正地擺脫憤怒、妒嫉、殘忍、冷酷，擁有內心的自由，是最困難也最危險的事之一。

你不能只想要有需索的自由。你不可以說：「我想做什麼就做什麼。」因為別人也想要自由，也想要表達他們的感受，想要做他們想做的事。每個人都想要自由，他們也都想要表現自我，包括他們的憤怒、殘忍、野心、好勝心等等。所以這個世界上總是會有衝突。我要做某件事，而你也要做某件事，於是我們產生對抗。自由不是想做什麼就做什麼，因為人沒辦法離群索居。就算是比丘或是遊方僧，也不可以為所欲為，因為他必須為了自己的理想而奮鬥，他必須克己，必須自我反省。自由是需要極大的智慧、感受力和悟性的。不管在什麼文化裡，讓每個人都擁有自由是絕對必要的事。於是你會明白，沒有秩序就不會有自由。

沒有秩序，你就沒辦法擁有自由，而秩序就是規訓。我不喜歡用「規訓」這個語詞，因為它有各式各樣的意義。規訓一般是指從眾、模仿、服從；它的意思是人家叫你做什麼，你就做什麼。可是如果你想要自由——人必須是完全自由的，否則我們就沒辦法奮發昂揚，也無法成為真正的人——你就必須自己去探究什麼是守秩序，什麼是守時、慈悲、寬大以及無畏。凡此種種的探索就是規訓。它會產生秩序。如果要探究，你就必須檢視；如果要檢視，你就必須是自由的。假如你懂得體諒別人，假如你正在觀看，假如你在傾聽，那麼，由於你是自由的，你就會守時，你會該上學就去上學，你會用功讀書。你會活力充沛，因為你想要做對的事情。

什麼是秩序？

沒有人可以給你自由和秩序。所以你必須探究怎麼在你自己心裡創造秩序。你必須自己去觀看並且探究如何心存善念，如何慈憫一切有情眾生，如何體諒別人。由此思考，由此觀看，你就會創造出秩序，因而也創造出自由。

你有沒有想過為什麼我們大多數人總是馬馬虎虎，不管是我們的穿著打扮、行為舉止、想法，或者是做事的方式？為什麼我們會不守時，也不懂得要為別人著想？而為什麼萬事萬物都要有個秩序，我們的穿著、想法、言論、走路的方式，以及我們對待沒有我們幸運的人們的方式？如果不是以強迫的、計畫性的方式，這個奇怪的秩序究竟是怎麼產生的？你是否思考過這個問題？

你知道我們所說的秩序是什麼意思嗎？它是沒有壓力安靜地坐著，從容不迫地優雅用餐，既閒適又一絲不苟，思路清晰卻又胸襟開闊。是什麼讓生活如此井然有序？這其實是個相當重要的問題，如果人可以有足夠的教養去探究創造秩序的因素，那會是極為殊勝的事。

你是否曾經湊近一朵花，仔細端詳著它？它的細緻程度讓人嘆為觀止，包括它的每一片花瓣；然而它又是如此不可思議地溫柔、芬芳又可愛。當人試著要有秩序，我們的生活或許會變得一絲不苟，沒有那麼平易近人，唯有像花兒那樣沒有任何施設造作，才會讓人覺得溫柔親切。我們的難題便是在於如何行若無事地井然有序、清楚明白而又胸襟開闊。

那麼，我們怎麼樣才可以在感受上是胸襟開闊的、在思考上氣度恢弘，可是在行住坐臥之間又一絲不苟、清楚明白而井然有序？我想大多數的人都做不到，因為我們從來沒有那麼洞澈透底地去感受任何事物；我們從來沒有完全把我們的意識和心放在任何事物上。我記得看過兩隻紅松鼠，牠們有又長又濃密的尾巴，以及優雅可愛的毛皮，牠們在大樹上竄高伏低，相互追逐，大概有十分鐘的時間一直奔跑個不停——就只是為了生之喜悅。可是如果你我沒有深入感受事物，是不會知道那種喜悅的。如果你對於事物的感受敏銳，這樣的感受力也會產生秩序感。

你不能依靠別人；你不能指望別人給你自由和秩序，不管是你父親、母親或老師。你必須在你自己心裡創造它。這是你首先要明白的事，你不能向別人索求這個東西。你不可能要求或指望任何人，不論你的上師或是你的神。沒有人可以給你自由和秩序。所以你必須探究怎麼在你自己心裡創造秩序。也就是說，你必須自己去觀看並且探究如何心存善念，如何慈憫一切有情眾生，如何體諒別人。由此思考，由此觀看，你就會創造出秩序，因而也創造出自由。別人告訴你應該做什麼，要你不可以看窗外，要你必須準時，要你必須有憐憫之心。可是假如你說：「我想看窗外就看窗外，可是當我用功讀書的時候，我會專心看我的課本。」那麼你就是在自己心裡創造了秩序而不必等別人告訴你。

你是否曾經一個人出去走走？或者你總是和別人一起出遊？如果你偶爾獨自出門（不要走太遠，因為你還小），你就會認識你自己，知道你在想什麼，你的感覺是什麼，你的價值在哪裡，你想要成為什麼樣的人。直下探究它。如果你一直在絮絮叨叨，和你的朋友四處閒逛，五、六個人流連忘返，你就沒辦法探究你自己的心。不妨一個人在樹下靜坐，不要帶著書。仰望熠熠繁星、蒼穹、鳥，或是葉子的形狀。看看搖曳生姿的斑駁樹影。凝望掠過天際的飛鳥。一個人獨自在樹下靜坐，你就會明白你的心是如何運作，這和求學一樣重要。

國家圖書館出版品預行編目資料

什麼都不是的人才是快樂的：克里希那穆提寫給年輕人的24封信
克里希那穆提 J. Krishnamurti 著；林宏濤 譯. -- 初版. --
臺北市：商周出版：家庭傳媒城邦分公司發行, 2022.3
面； 公分. --
譯自：HAPPY IS THE ONE WHO IS NOTHING: LETTERS TO A YOUNG FRIEND
ISBN 978-626-318-183-0（平裝）
1. CST: 靈修 2.CST: 心靈療法
192.1 111001967

什麼都不是的人才是快樂的

原著書名 / HAPPY IS THE ONE WHO IS NOTHING: LETTERS TO A YOUNG FRIEND
作者 / 克里希那穆提 J. Krishnamurti
譯者 / 林宏濤
責任編輯 / 陳玳妮

版權 / 林易萱
行銷業務 / 周丹蘋、賴正祐
總編輯 / 楊如玉
總經理 / 彭之琬
事業群總經理 / 黃淑貞
發行人 / 何飛鵬
法律顧問 / 元禾法律事務所 王子文律師
出版 / 商周出版
城邦文化事業股份有限公司
115台北市南港區昆陽街16號4樓
電話：(02) 2500-7008 傳真：(02) 2500-7579
E-mail：bwp.service@cite.com.tw
Blog：http://bwp25007008.pixnet.net/blog
發行 / 英屬蓋曼群島商家庭傳媒股份有限公司城邦分公司
115台北市南港區昆陽街16號8樓
書虫客服服務專線：(02) 2500-7718・(02) 2500-7719
24小時傳眞服務：(02) 2500-1990・(02) 2500-1991
服務時間：週一至週五09:30-12:00・13:30-17:00
郵撥帳號：19863813 戶名：書虫股份有限公司
讀者服務信箱E-mail：service@readingclub.com.tw
歡迎光臨城邦讀書花園 網址：www.cite.com.tw
香港發行所 / 城邦（香港）出版集團有限公司
香港九龍土瓜灣土瓜灣道86號順聯工業大廈6樓A室
電話：(852) 2508-6231 傳眞：(852) 2578-9337
E-mail：hkcite@biznetvigator.com
馬新發行所 / 城邦(馬新)出版集團 Cité (M) Sdn. Bhd.
41, Jalan Radin Anum, Bandar Baru Sri Petaling,
57000 Kuala Lumpur, Malaysia
電話：(603) 9056-3833 傳眞：(603) 9057-6622
Email：services@cite.my

封面設計 / 李東記
排版 / 新鑫電腦排版工作室
印刷 / 韋懋實業有限公司
經銷商 / 聯合發行股份有限公司
電話：(02) 2917-8022 傳眞：(02) 2911-0053
地址：新北市231新店區寶橋路235巷6弄6號2樓

■2022年3月31日初版
■2024年4月23日初版3.5刷
定價 320 元

Printed in Taiwan
城邦讀書花園
www.cite.com.tw

Krishnamurti Foundation of America
P.O. Box 1560, Ojai, California 93024
United States of America
E-mail: kfa@kfa.org. Website: www.kfa.org

ISBN 978-626-318-183-0

廣　告　回　函
北區郵政管理登記證
台北廣字第000791號
郵資已付，免貼郵票

115 台北市昆陽街16號8樓

英屬蓋曼群島商家庭傳媒股份有限公司　城邦分公司

請沿虛線對摺，謝謝！

書號：BX1083　**書名**：什麼都不是的人才是快樂的　**編碼**：

請於此處用膠水黏貼

讀者回函卡

線上版讀者回函卡

感謝您購買我們出版的書籍！請費心填寫此回函卡，我們將不定期寄上城邦集團最新的出版訊息。

姓名：＿＿＿＿＿＿＿＿＿＿ 性別：☐男 ☐女

生日：西元＿＿＿＿年＿＿＿＿月＿＿＿＿日

地址：＿＿＿＿＿＿＿＿＿＿

聯絡電話：＿＿＿＿＿＿＿＿ 傳真：＿＿＿＿＿＿＿＿

E-mail：

學歷：☐ 1. 小學 ☐ 2. 國中 ☐ 3. 高中 ☐ 4. 大學 ☐ 5. 研究所以上

職業：☐ 1. 學生 ☐ 2. 軍公教 ☐ 3. 服務 ☐ 4. 金融 ☐ 5. 製造 ☐ 6. 資訊

☐ 7. 傳播 ☐ 8. 自由業 ☐ 9. 農漁牧 ☐ 10. 家管 ☐ 11. 退休

☐ 12. 其他＿＿＿＿＿＿＿＿

您從何種方式得知本書消息？

☐ 1. 書店 ☐ 2. 網路 ☐ 3. 報紙 ☐ 4. 雜誌 ☐ 5. 廣播 ☐ 6. 電視

☐ 7. 親友推薦 ☐ 8. 其他＿＿＿＿＿＿＿＿

您通常以何種方式購書？

☐ 1. 書店 ☐ 2. 網路 ☐ 3. 傳真訂購 ☐ 4. 郵局劃撥 ☐ 5. 其他＿＿＿

您喜歡閱讀那些類別的書籍？

☐ 1. 財經商業 ☐ 2. 自然科學 ☐ 3. 歷史 ☐ 4. 法律 ☐ 5. 文學

☐ 6. 休閒旅遊 ☐ 7. 小說 ☐ 8. 人物傳記 ☐ 9. 生活、勵志 ☐ 10. 其他

對我們的建議：＿＿＿＿＿＿＿＿＿＿

＿＿＿＿＿＿＿＿＿＿

＿＿＿＿＿＿＿＿＿＿

【為提供訂購、行銷、客戶管理或其他合於營業登記項目或章程所定業務之目的，城邦出版人集團（即英屬蓋曼群島商家庭傳媒（股）公司城邦分公司、城邦文化事業（股）公司），於本集團之營運期間及地區內，將以電郵、傳真、電話、簡訊、郵寄或其他公告方式利用您提供之資料（資料類別：C001、C002、C003、C011 等）。利用對象除本集團外，亦可能包括相關服務的協力機構。如您有依個資法第三條或其他需服務之處，得致電本公司客服中心電話 02-25007718 請求協助。相關資料如為非必要項目，不提供亦不影響您的權益。】

1.C001 辨識個人者：如消費者之姓名、地址、電話、電子郵件等資訊。 2.C002 辨識財務者：如信用卡或轉帳帳戶資訊。

3.C003 政府資料中之辨識者：如身分證字號或護照號碼（外國人）。 4.C011 個人描述：如性別、國籍、出生年月日。

請於此處用膠水黏貼